U0360793

组织级项目管理

实践与研究前沿

强茂山　温祺　安楠◎著

清华大学出版社

北京

图书在版编目（CIP）数据

组织级项目管理实践与研究前沿/强茂山，温祺，安楠著. —北京：清华大学出版社，2023.12
ISBN 978-7-302-64955-7

Ⅰ．①组…　Ⅱ．①强…　②温…　③安…　Ⅲ．①项目管理－研究　Ⅳ．①F224.5

中国国家版本馆 CIP 数据核字（2023）第 242171 号

责任编辑：张占奎
封面设计：陈国熙
责任校对：欧　洋
责任印制：杨　艳

出版发行：清华大学出版社
　　　　网　　　址：https://www.tup.com.cn，https://www.wqxuetang.com
　　　　地　　　址：北京清华大学学研大厦 A 座　　　邮　　编：100084
　　　　社 总 机：010-83470000　　　　　　　　邮　　购：010-62786544
　　　　投稿与读者服务：010-62776969，c-service@tup.tsinghua.edu.cn
　　　　质量反馈：010-62772015，zhiliang@tup.tsinghua.edu.cn
印 装 者：三河市龙大印装有限公司
经　　销：全国新华书店
开　　本：185mm×260mm　　印　　张：12.75　　　　字　　数：252 千字
版　　次：2023 年 12 月第 1 版　　　　　　　　　印　　次：2023 年 12 月第 1 次印刷
定　　价：79.00 元

产品编号：074548-01

项目作为促进组织战略落地的重要工具，是驱动组织进行变革的源动力，同时也是组织提升价值和效益的主要方式。项目管理作为最有效地整合资源、高效地实现项目目标的理念和技术，已在全球范围内迅速发展和应用。随着全球经济越来越依赖项目而发展，项目成为企业管理的基本单元，组织级项目管理理论应运而生。单项目管理以项目为载体集成资源实现项目目标，而组织级项目管理从组织层面为项目管理构筑制度环境，通过对项目、项目集、项目组合进行系统化、规范化的管理以确保组织适时开展正确的项目，并合适地分配关键资源，积累可持续的竞争优势，实现组织战略。

组织级项目管理模式的构建需要全方位的理念和模式变革，包括企业文化、组织模式、能力建设、项目管理信息化以及工作流程、人力资源、绩效考评和薪酬体系等。但在实践中仍存在诸多问题。例如：缺乏对项目创新与组织运营机理的认知，以运营的模式管理项目导致效率低；项目资源组织模式不合理，能力和职权错配、责权界定模糊、信息传递不畅，使得资源集成效率低下；组织内缺乏项目间合作，自私的项目环境、缺乏项目群协同管理阻碍了目标集成与资源共享；组织过程资产沉淀不足带来重复，造成无谓损失；等等。

随着人们对项目管理理论和实践的持续深入探索，项目的临时组织与运营的永久组织如何相互驱动进而推进组织的持久发展，如何构建规范化的制度环境、建立有效的管理机制、开发组织能力，保证组织以标准化、可预测、可持续的方式改进项目管理实践，提升组织战略执行力，确保组织实现长久和安全的发展成为关注的焦点。

针对组织级项目管理实践和研究中的关键问题，笔者总结了几十年来在管理实践、教学科研中沉淀的前沿理论研究成果，并辅以典型的咨询项目案例说明，编撰成《组织级项目管理实践与研究前沿》一书，希望通过此书帮助广大项目管理领域从业者深入学习理解组织级项目管理理论内涵与最佳实践，同时为企业践行组织级项目管理提供参考借鉴。

强茂山

2023 年 6 月于清华园

前言
PREFACE

据统计,全球经济的40%以上是通过项目实现的,运用项目管理作为生产产品和提供服务的管理流程(Turner et al.,2010)。企业中这种越来越依赖于项目而发展的过程被称为项目化(projectization),代表了从重复性生产到利用临时性项目进行非例行性工作流程的转变。如今,项目化已经渗透到全球经济、社会的各个行业中,被认为是整个社会的发展趋势。

随着项目化的发展,项目管理已不再局限于管理单个项目进度、成本、质量的技术工具,而日益上升为企业设计组织结构、组织生产活动乃至实现战略目标的组织模式,项目型组织应运而生。项目型组织(project-based organization,PBO)见诸理论和实践研究已有超过25年的历史,如今依然是研究和实践关注的热点,体现了其在国民经济中的重要地位和在实践中的复杂性。项目型组织广泛存在于各个行业中,具有各自的特征和情境(Söderlund et al.,2011);是企业适应现代产业组织生态的一种新形式(Puranam et al.,2014)。项目型组织将"按项目管理"(management by project)作为组织战略的执行途径,以单项目、项目集为临时组织,并将对项目、项目集和项目组合的管理作为基本的商业流程(Gareis et al.,2007),由此形成了以项目为企业管理基本单元的组织级项目管理(organizational project management,OPM)理论和实践。项目型组织与传统组织在组织管理的诸多方面具有本质的差异,项目型组织的组织级项目管理值得进一步研究、实践探索和提升发展。

从"鲁布革冲击"①引发的学习和实践项目管理热潮到以三峡工程为代表的巨型工程项目系统科学的项目管理实践,从水利水电工程的流域梯级多项目联合优化和设计建设运营全过程集成开发到IT项目的敏捷化管理,清华大学项目管理与建设技术研究所见证和参与了我国的项目管理理论研究和实践应用的深度积累和广度拓展。作为这些工作的主要参与者,笔者结合几十年来参与一线项目管理实践,从事教学、咨询和研

---

① 1984年,我国首次利用世界银行贷款按照国际通用项目管理模式招标建成了鲁布革水电站。使用国际标准的项目管理方法,使该项目进度大幅度提前,成本降低超过40%,创造了多项施工效率的国际先进纪录。

究的经验,通过本书回顾项目管理从单一项目管理技术到组织级项目管理模式的发展历程,探讨以项目管理为基础管理企业的方法,总结近年来组织级项目管理实践和研究中的关键问题。

组织级项目管理理论框架与本书的章节安排如图1所示。

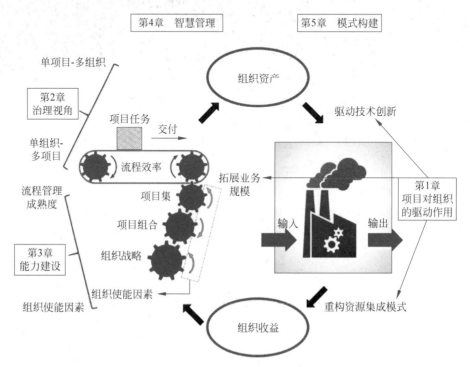

图1　组织级项目管理理论框架与本书的章节安排

在基于项目的组织中,企业通过两个循环实现持续化发展:一个是对已有资产的运营,被认为是持续性收益的来源;另一个是响应需求的项目,通过将收益投入项目为组织增加资产,成为运营循环的驱动力、加速器。这两个循环的有机互动保持了组织价值的持续提升和持续化发展。本书对框架中各部分的内容从宏观到微观、由浅入深依次展开论述。

第1章介绍项目对组织发展的驱动原理,详细论述了项目、项目集和项目组合层级对项目目标的定位,以及规模扩大型、技术创新型和资源重组型项目对组织的驱动作用。

第2章从组织治理的视角阐述组织级项目管理,所述内容基于项目对组织内外资源的需求,阐述资源集成的典型结构以构建项目运行环境的合理框架,解读治理视角的组织级项目管理。该章集中讨论项目治理(project governance)的概念内涵,分析从项目治理到基于项目的组织治理的提升,辨析项目治理到治理项目(governance of projects)的理论延伸和实践拓展。

第 3 章从组织战略管理的视角分析组织级项目管理在主流管理学领域的理论定位和理论内涵。首先,分析组织竞争优势的来源,辨析项目型组织模式下企业的组织能力内涵。在此基础上,对比分析已有的组织级项目管理成熟度模型,探讨其中各类组织能力的战略定位。随后基于组织级项目管理成熟度模型的组织使能因素(organizational enabler)最佳实践,从中国管理情境出发,提出了适用于中国企业的三层次组织使能因素体系,并分析了在实践中提升组织使能因素的方法。

第 4 章系统介绍了大数据时代数字化驱动的项目管理创新实践,包括笔者研究团队近年来针对组织级项目管理开发的各类智能化管理工具,并结合相关案例探讨了相关工具在工程项目管理领域的应用。

第 5 章阐述了组织级项目管理的实践应用。该部分内容精选了笔者及课题组近 10 年来企业咨询项目的内部治理部分,从业务流程梳理、职责匹配、核心协作节点流程设计和绩效考评机制设计等四个方面,探讨了组织级项目管理应用与企业管理实践的要点。

本书内容包含阳波(2007)、李果(2009)、林正航(2012)、袁尚南(2016)、江汉臣(2019)、温祺(2019)、安楠(2020)、张东成(2022)、郑俊萍(2022)等博士论文的部分研究成果,相关细节(理论、模型、方法和建议等)读者可以参阅原论文。

强茂山

2023 年 6 月于清华园

本书相关文献:

阳波,2007.多项目水电开发企业项目组织结构研究[D].北京:清华大学.

李果,2009.水利工程建设投资资金流 S 曲线预测方法研究[D].北京:清华大学.

林正航,2012.大型国际工程承包商发展战略选择机理研究[D].北京:清华大学.

袁尚南,2016.水利工程项目组织能力评价及对效能的影响机理研究[D].北京:清华大学.

江汉臣,2019.大型水利水电工程网络舆论研究:以三峡工程为例[D].北京:清华大学.

温祺,2019.工程项目经理能力与组织使能因素匹配研究[D].北京:清华大学.

安楠,2020.基于权变理论的项目型组织人力资源管理措施研究[D].北京:清华大学.

张东成,2022.工程项目安全隐患特征识别与管理协作机理研究[D].北京:清华大学.

郑俊萍,2022.项目经理职业生涯发展要素及其影响机理研究[D].北京:清华大学.

GAREIS R,MARTINA H,2007. Maturity models for the project-oriented company[M]. The Gower Handbook of Project Management:183-208.

PURANAM P,ALEXY O,REITZIG M,2014. What's "new" about new forms of organizing? [J]. Academy of Management Review,39(2):162-180.

SÖDERLUND J,TELL F,2011. Strategy and capabilities in the p-form corporation:linking strategic direction with organizational capabilities[M]//CATTANI G,FERRIANI S,FREDERIKSEN L,et al. Project-Based Organizing and Strategic Management (Advances in Strategic Management,Vol. 28). Bingley:Emerald Group Publishing Limited:235-262.

TURNER R,LEDWITH A,KELLY J,2010. Project management in small to medium-sized enterprises:matching processes to the nature of the firm[J]. International Journal of Project Management,28(8):744-755.

目录
CONTENTS

第 **1** 章

>>>>>>>>>>

项目对组织发展的驱动原理

随着项目管理在建设工程、软件工程和制造业等行业的推广应用,项目成为了诸多行业组织生产的基本组织单元。项目管理已不局限于单项目层面的管理技术,而是逐渐重塑着企业的组织模式,这一组织模式被称为项目型组织(project based organization,PBO 模式)(如图 1-1 所示)。因为能够有效地管理,项目日益成为企业的核心竞争力,所以针对项目型组织模式的组织级项目管理理论被不断发展完善。

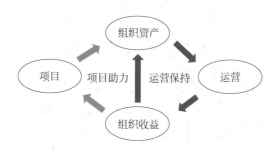

图 1-1 PBO 的项目＋运营双驱模式

在传统组织模式下,企业经常性的运营业务被认为是可持续收益的主要来源。这一组织模式自然地适应于稳定的、程式化的流水线式生产。技术的进步和生产能力的发展使越来越多的行业(如软件开发、工程建设、生物医药和航空航天等)需求呈现出多样化和动态变化的特征,而传统组织模式难以针对性地满足定制化、精细化的市场需求,在当今市场需求日益动态变化的环境下显得过于迟钝和僵化。

在 PBO 模式下,企业通过项目来响应市场的变化,项目成为运营循环的驱动力、加速器。项目的形式可以有 3 种:第 1 种,企业通过重复交付具有成熟技术的项目交付物而扩大组织资产,实现业务的存量式积累,如电力企业的新建电厂项目;第 2 种,企业通过技术创新项目,为组织开发和创造更多具备盈利能力的创新资产,使企业的业务范围得到拓展,能够及时响应市场需求的变化,如信息企业的 5G 项目;第 3 种,企业通过资源重组型项目整合和重构已有的组织资产,形成全新的业务模式,发挥资源重组的增值效应,从而丰富组织资产,为企业带来新的收益增长点,如产业链整合和共享经济项目。上述 3 种项目都是以提升组织的价值为导向的。在 PBO 内部具有项目和运营两类驱动力,前者是提升价值的助推力,后者是持续发展的保持力,形成了 OPM 理论中单项目(project)、项目集(program)和项目组合(portfolio)3 个对项目目标有着不同定位和诉求的管理层级。

本章结合具体企业管理案例,剖析各管理层级对项目目标的定位,辨析各管理层级的管理要点(1.1 节),分析各类项目对组织发展的不同驱动作用(1.2 节),为后续从组织治理视角分析组织级项目管理(第 2 章)奠定基础。

1.1　组织对项目目标的定位

由组织级项目管理理论中不同层级的管理目标、范围和成功标准可见,不同管理层级视角对项目目标的定位不尽相同。

国际项目管理协会(International Project Management Association,IPMA)的PRINCE2(Project Management in Controlled Environment)标准指出"项目是按照一个被批准的商业论证,为了交付一个或多个商业产品而创建的一个临时性组织",认为从单项目层级的角度而言,项目的目标定位于交付一个或多个产品。项目集则是"以交付与战略目标相关的成果和收益为目的,用来协调、指导和监督一系列项目实施的临时性的、灵活的组织",表明在多项目的组织层级视角下,项目的目标则应定位于实现与战略目标相关的成果和最终的收益。

据此,本节对比分析单项目层级、项目集层级和项目组合层级的视角下项目目标的定义(图1-2),辨析不同管理层级对项目的目标定位,为进一步分析项目对组织的驱动作用奠定基础。

图1-2　IPMA 的 PRINCE2 对项目目标的定位

1.1.1　单项目层级的项目目标定位——交付物

单项目层级的管理活动主要聚焦于对项目可交付物的实现,项目成功的定义为在良好的进度、成本和质量等绩效目标下,取得客户满意的交付物。随着实践和研究中认识的不断深入,单项目层级的项目目标定位及其内涵要素逐渐明确并不断丰富,如图1-3所示。

经典的项目成功标准包括进度、成本和质量3个方面,即所谓的项目绩效铁三角(iron triangle)模型。随着对项目在各方面影响认识的不断深入,人们发现进度、成本和质量3个方面并不能形成对项目成功的全面评价。由此,越来越多的项目成功评价标准被加入到项目目标评价指标体系中,如项目的安全管理效果、项目的环境保护、项目对组织的经验积累、项目执行过程中的团队协作效率等。

综合的项目目标体系有助于对项目的执行效果进行全面的评价,但同时也引发了如何界定项目关键成功要素和项目成功标准的讨论。

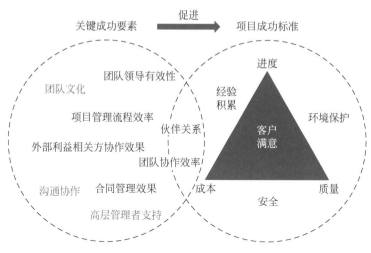

图 1-3　单项目目标的概念范围和内涵要素

一方面,应该明确界定项目关键成功要素(critical success factors)与项目成功(project success)之间的概念差异(Westerveld et al.,2003)。项目关键成功要素是促进项目成功的动力,而项目成功则是项目关键成功要素的最终结果。

另一方面,项目的目标体系应该采用多元化的标准综合评价,将影响项目交付成果和客户满意程度的项目关键成功要素均纳入项目目标体系(Davis et al.,2014)。

事实上,由图 1-3 可见,项目成功要素与项目成功之间存在着部分的概念交叉,很难在两者之间划定绝对的概念界限。如项目团队协作效率、伙伴关系的建立等因素既是促进项目进度、成本和质量绩效提升的项目成功要素,也是项目目标本身的组成部分。因此,单项目层级的项目目标聚焦于项目成功的交付,同时涵盖广泛的、多元化的目标要素。

以 Y 集团开发的某大型水电站建设项目为例。作为中国第一个百万千瓦级的大型水利水电工程总承包项目(engineering procurement construction,EPC)和该集团首次采用 EPC 管理模式建设的工程项目,该项目承载着积累 EPC 模式管理经验和树立我国大型水利水电工程 EPC 项目管理模式标杆的使命。因而该项目的目标不仅仅局限于传统的进度、成本、质量等项目绩效,同时还关注 EPC 管理模式践行过程中的经验积累和知识沉淀、EPC 管理能力的提升等。具体而言,包括 EPC 管理模式的合理设计(如责权分配、风险分担、流程控制、监督激励等)、工程合同管理、价格体系规范制定、关键技术管理等方面的 EPC 管理能力提升和知识积累。这些要素作为影响项目成功的关键要素,也是多元化项目目标体系中不可或缺的一部分,项目管理者对这些项目目标的权衡和管理是项目成功的关键。

1.1.2 项目集层级的项目目标定位——成果

从项目集管理的视角出发,企业对项目目标的定位不片面追求单项目管理的进度、成本和质量绩效,而更倾向于关注项目交付物(deliverable)的成果(results)优越性,即使用项目交付物而引起的变化的结果,并服务于项目集目标,实现单项目无法实现的战略目标,形成单项目所不具备的组织能力。

项目的进度、成本和质量绩效仅仅是项目成果的一部分,企业在管理决策中可能会从更高层次的战略视野对项目的成果提出目标定位,其中不乏企业为了满足项目集的要求,在短期内投入大量资源完成某个项目模块,保证项目集整体目标的实现。在这种情况下,从单项目视角看,项目的质量、成本控制等方面的绩效可能是失败的,但就整体项目集乃至企业战略执行而言,这样的实践则是成功的。

相反,如果企业一味追求单项目产品的交付而忽视项目集层面乃至企业整体战略层面的规划,则可能造成企业资源的浪费。

例如,摩托罗拉公司在 20 世纪 90 年代发起的"铱星计划"(Motorola Iridium plan)项目,旨在通过覆盖全球的通信卫星技术,让用户从世界上任何地方都可以打电话。由于该项目在技术上大幅度领先于行业竞争对手,可能对通信行业具有划时代的意义,摩托罗拉公司的创始人加尔文对铱星计划项目"情有独钟",直言将不惜一切代价为铱星计划项目的开发买单。然而,后续的项目执行过程也确实如加尔文所言,成为摩托罗拉不断为铱星计划输血的过程,如表 1-1 所示。

表 1-1 铱星计划的资金来源情况

时　间	事　件
1991 年	铱星公司成立
1992 年	摩托罗拉公司为铱星公司担保融资 34.7 亿美元
1993 年	完成第一轮融资,取得 8 亿美元资产
1994 年	完成第二轮融资,获得各个闸口融资 16 亿美元
1996 年	筹集 3.15 亿美元资金,同时获得来自银行的 7 亿美元贷款资金支持
1997 年	通过股票和债券共筹集 10.4 亿美元

资料来源:案例《从项目管理视角看铱星计划失败》。

事实上,铱星计划项目是摩托罗拉公司的多个并行项目之一,公司同时还进行着与该项目存在直接竞争关系的其他研发项目,如蜂窝移动网络研发项目。这些项目本应从属于同一个移动通信项目集,但是由于以加尔文为代表的企业高管特殊关注,铱星计划项目的管理并没有在摩托罗拉既有的矩阵型组织结构下进行。在项目开发阶段,铱星计划项目的项目经理(project manager,PM)直接越过公司的项目集经理和项目管理办公室(project management office,PMO),转而向董事会直接汇报工作,打破了公司原有的非常成熟的矩阵型结构(如图 1-4 中的箭头所示),在组织局部形成了单项目型的管理结构。

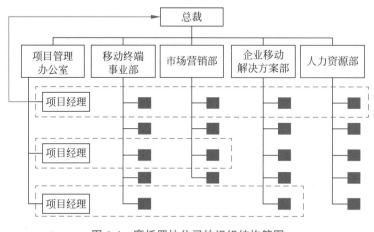

图 1-4　摩托罗拉公司的组织结构简图

资料来源:案例《从项目管理视角看铱星计划失败》

这一管理结构使得铱星计划项目与原本具有紧密逻辑关系的其他项目相脱离,无法从项目集的层级统一规划和管控,而这也使得铱星计划项目在接近 10 年间无限度地消耗组织资源。同时,铱星计划项目的直接交付物(产品)"铱星手机"与基于蜂窝移动通信技术的其他手机产品之间存在着竞争关系,并最终由于其性能结果(信号质量、用户费用和市场接受度等)因素败给了基于蜂窝移动通信技术的手机产品。铱星计划项目与同一项目集中的其他项目组织管理结构上的不统一最终导致了项目集内部的竞争和内耗,没有实现不同项目之间的逻辑衔接和优势整合。

可见,就项目集管理的视角而言,项目的目标不应仅仅停留在高效交付物的层级,而需要上升到项目交付物的成果、支持项目集目标的层次;项目对组织能力的塑造不局限于交付物,而更在于交付物成果整合得到的组织能力提升。

1.1.3　项目组合层级的项目目标定位——收益

项目组合层级的管理要点在于平衡企业的项目与运营,根据组织战略规划筛选正确的项目,其重心从单项目层级和项目集层级"正确地做项目"转移到"(适时)做正确的项目",对项目的目标定位也从以尽可能少的资源实现项目,转移到以项目为组织创造尽可能多的收益(benefits)即成果所产生的改进,可通过投资效果和实现的效益进行衡量。

从项目组合乃至组织整体战略的视角出发,项目组合层次对同一项目的目标定位和成功标准可能与单项目层级存在较大差异。例如,悉尼歌剧院项目是项目进度管理、成本控制的典型反面案例,但却为澳大利亚带来了不可估量的艺术价值与经济收益。

悉尼歌剧院 1959 年开工,原预算为 700 万美元,计划用 4 年的时间完工,但实际上 1973 年才竣工,总造价达 1.2 亿美元,出现了严重的费用超支和进度拖延(表 1-2)。但该项目在建成后两年内基本收回了项目投资成本,并很快成为全世界公认的艺术杰作,成为每年到访人数超过 800 万的世界文化遗产。

表 1-2 悉尼歌剧院项目的主要事件

时　　间	事　　件
1950 年	一群做慈善事业的市民提议,在悉尼建设一个具有世界水平的歌剧院,得到新南威尔士州政府支持
1957 年	设计师乌松的方案击败了所有 30 个国家的 230 多个竞争对手,获得第一名
1959 年	设计师乌松与汤普森工程设计公司合作,项目正式开工
1965 年	由于歌剧院工期的延误和成本高昂,导致了新南威尔士州一届政府的下台,期间项目数次中断,设计师乌松离职
1973 年	项目最终落成,进度拖延了 10 年,预算超支 10 余倍
1975 年	项目基本收回投资

资料来源:案例《悉尼歌剧院项目管理的失策和启示》。

就单项目管理而言,悉尼歌剧院可谓是失败项目管理的典型,但这并没有影响其作为宝贵艺术财富的价值;从项目业主新南威尔士州政府的角度而言,悉尼歌剧院项目在组织价值创造方面无疑是巨大的成功。可见,对"(适时)做正确的项目"的问题不能单单考虑交付物形成过程中的时间、成本和质量等因素,更要从项目交付物的最终价值来进行评价。这一点在信息化与敏捷时代尤为重要,价值越来越成为项目决策的重要依据。

1.2 项目在组织中的驱动作用

随着项目管理知识应用范围的不断拓展,人们对项目的认知也逐渐成熟。不同企业以不同类型的项目驱动组织商业价值的提升,使其由当前状态转变为将来状态。

从商业角度来看,项目旨在推动组织从一个状态转到另一个状态,从而达成(预期价值提升的)特定目标(PMI,PMBOK Guide,2017),如图 1-5 的概念模型所示。对于企业而言,不同项目具有不同的战略意义,对组织战略的驱动作用也不尽相同。笔者认为,项目对组织战略的驱动作用可以通过 3 种类型的项目来实现,包括业务规模的存量提升、技术创新的增量提升和资源组织模式重构的效率提升,这一分类方式也与 Winch

（2014）对项目型组织的研究不谋而合。以下分别详述 3 类项目的特征及其管理要点。

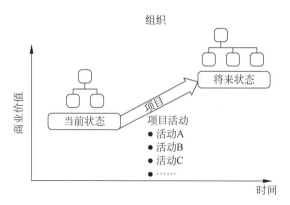

图 1-5　项目驱动组织状态的变化（PMI,2017）

1.2.1　业务规模存量提升型项目

在软件开发和房地产等专业技术相对成熟和标准化的行业,企业的大部分生产活动以项目为单位进行,项目对组织而言成为一种常态化的业务,项目对组织战略的驱动作用主要在于增加企业业务规模的存量式提升。

以此类项目为主营业务的企业可以被描述为产业生态中承载着特定输入输出的单元,如图 1-6 的概念模型所示。项目类似于传统流水线生产模式下批量化生产的产品,项目数量的增加类似于产品销量的提升,对应于企业市场份额和业务规模的存量式提升。与传统流水线式生产不同,项目的需求是定制化的,往往也是一次性的;虽然项目的技术可能是成熟的,项目人员可能具有大量类似的项目经验,但每个项目因其所处的实施环境不同也会呈现其独特性。

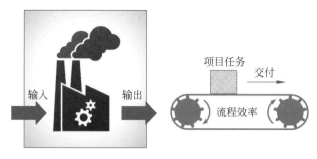

图 1-6　项目驱动业务规模的存量增长

以项目驱动业务规模增加的企业往往采用高度项目化的组织结构,以项目为基本部门,组织内部的资源也以项目为单位配置。例如,每个房地产开发项目可能作为独立的核算项目公司,拥有专职的工程技术人员、法务人员和财务人员等。这种组织结构和组织资源配置模式有助于项目快速响应客户的需求,提升客户体验,利于计划、设计、实施的一体化优化，并加快项目实施。

由于企业业务规模的拓展依靠项目数量和规模的增长，企业的竞争优势在于捕捉项目机会的敏锐性和交付项目的效率，企业的能力可以通过项目管理成熟度很好地反映出来。当然，与高速的项目运转相对应的是企业可能面临的资金保证和财务风险问题，高速度、高周转的项目交付可能需要依赖高杠杆以获取资金支持。不乏大量房地产企业因为激进的项目开发活动承受了企业无法有效管理的风险，最终损失惨重甚至资不抵债。这是以此类项目为核心业务的公司应该重点防范的主要风险。

1.2.2 技术创新价值提升型项目

项目管理方法最早的应用领域包括航天、医药等研发活动密集的行业。人们从大量实践经验中发现，产品研发和技术创新类项目在传统的职能型组织下往往容易产生预算超支、进度拖延和范围失控的问题；而科学的项目管理方法则可以使企业的技术创新类项目活动事半功倍，高效实现项目目标。因此，越来越多的企业将不确定性较强的技术创新项目用项目管理的方法进行组织和管控，相应的一类项目也承载了为企业创造新的技术、产品和业务范围的使命。

航空航天、生物医药、互联网等行业的企业面临着较快的技术更新速度，这要求企业本身具有较强的研发能力以适应日新月异的技术进步。因此，此类企业需要通过大量的技术创新项目活动为企业的业务范围提供增量。

能否在众多的可能性中筛选出具有市场前景的项目并有效地实现项目预期的目标，决定着企业能否在激烈的竞争中生存下来。面对企业有限的资源约束，对这类项目的战略决策显得尤为重要。因此，企业的战略规划力和项目研发能力成为企业能力的两个核心方面，如图 1-7 所示。

图 1-7 项目驱动技术创新的增量提升

2022 年 1 月，欧盟委员会在其官网上给出了"2021 年欧盟工业研发投资排名"名单。在该名单中，中国有 597 家公司上榜（跻身百强榜的有 13 家），其中，华为公司以 174.6 亿欧元的研发投入排名中国第一，世界第二。纵观整个榜单，三星、苹果、英特尔和微软等著名企业名列前茅。由此可见，在技术创新领域的大力投入正在成为优质企业的必备要素。通过项目驱动技术创新为企业带来新的业务增长点，将会成为企业竞争优势的来源。

同时，技术创新价值提升型项目具有高风险和高获利的特征。例如，大型医药和生物科技企业的研发项目要持续性、高投入，项目的成功可以为组织带来根本性的价值提升和高收益，但项目本身也存在一定的失败风险。

1.2.3 资源组织模式重构型项目

在一定时期，企业内部的各类资源可能形成了特定的组合方式，企业由此从事着多元化的业务，而各类业务之间可能存在产业链上下游的纵向互补关系或覆盖不同市场范围的横向互补关系，抑或不存在直接的逻辑关系。重组组织资源、创新业务模式可能带来变革性的价值提升，而项目管理工具往往被用于实现这一目标。这一类项目往往没有特定的行业限制，任何行业的企业都可能存在着重组企业资源和实现优势集成的机遇，这种项目一旦成功，带来的回报可能是巨大的，甚至可能从根本上重塑企业的业务结构。

例如，闻名世界的《变形金刚》系列电影并非玩具公司 Hasbro 设计变形金刚品牌产品的初衷。事实上，Hasbro 最初看好的是面向儿童的变形金刚玩具产品，但或许受限于儿童对于变形玩具的理解能力，变形金刚玩具一度滞销。Hasbro 公司为了推动玩具的销量，发起了一个宣传项目，为这些机器人制作了一部 3 集的商业动画广告在电视上播出，该动画广告取得了出人意料的成功。而后续的变形金刚漫画、电影、主题娱乐设施等产品所取得的巨大成功，更是远远超越了企业对玩具销售业务的预期。可见，借助项目驱动资源组织模式的重构可能重塑整个组织的业务核心，改变组织战略、项目组合和项目集的整合与集成模式，为组织带来变革。

通过项目驱动企业资源重组的基础是优质的组织资源，同时离不开具有战略视野的组织决策，如图 1-8 所示。这两部分组织能力实质上分别对应于组织的资源基础理论（resource-based view of firm，RBV）和动态能力理论。资源基础理论认为"组织的资源基础决定了组织的产出，从而决定组织的价值"（Penrose，1959；Wernerfelt，1984），持续竞争优势来源于组织环境中有价值的（valuable）、稀缺的（rare）、难以被竞争对手模仿的（inimitable）、组织层面的（organizational）组织资源，即 VRIO 分析框架（Barney，1991）。例如，Hasbro 的变形金刚玩具技术和为之拍摄宣传广告的理念是同时期的其他企业所不具有的组织资源，两者是企业竞争力提升的基础。

Teece 和 Pisano（1994）等一批学者在资源基础理论的基础上提出了动态能力理论（dynamic capability），弥补了资源基础理论对组织资源动态变化分析的缺失。动态能

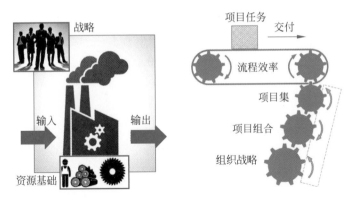

图 1-8 项目驱动资源组织模式的重构

力理论认为,为了在变动环境中形成持续的竞争优势,组织除了需要具备 VRIO 属性的组织资源外,还需要具备整合、重组和开发组织资源的动态能力。例如,Hasbro 将变形金刚玩具和宣传电影资源进行重组的战略视野反映了企业的动态能力,正是两者的有机重组为企业带来了持续的竞争优势。

1.3 本章小结

本章概述了基于项目的组织模式下,不同管理层级对项目目标的关注焦点,辨析了各管理层级视角下对项目目标定义的差异,从而揭示了不同管理层级在组织级项目管理实践中应重点关注的方面。结合具体的案例,本章进一步讨论了项目驱动企业业务规模的存量式拓展、技术创新引发的增量式拓展和组织资源重构的根本性变革,从而明确了不同类型项目在组织中的战略定位及其对组织发展的驱动作用。在此基础上,后续章节将从不同的视角解读组织级项目管理理论的具体内容及其对企业管理的启示。

参 考 文 献

BARNEY J,1991. Firm resources and sustained competitive advantage[J]. Journal of Management,17(1): 99-120.

DAVIS K,2014. Different stakeholder groups and their perceptions of project success[J]. International Journal of Project Management,32(2):189-201.

PENROSE E T,1959. The theory of the growth of the firm[M]. Oxford:Oxford University Press.

Project Management institute. A guide to the project management body of knowledge[M]. Newtown Square (PA):Project Management Institute,2017.

TEECE D J,PISANO G,1994. The dynamic capabilities of firm:an introduction[J]. Industrial and Corporate Change,3(3):537-555.

WERNERFELT B A, 1984. Resource-based view of the firm[J]. Strategic Management Journal, 5(2): 171-180.

WESTERVELD E, 2003. The Project Excellence Model: linking success criteria and critical success factors [J]. International Journal of Project Management, 21(6): 411-418.

WINCH G M, 2014. Three domains of project organising[J]. International Journal of Project Management, 32(5): 721-731.

第**2**章

>>>>>>>>>>

治理视角的组织级项目管理

随着社会环境不断变化,企业的管理模式和运行机制也在持续变革。项目型组织中,项目已经从简单的战术工具转变为促进企业战略落地的战略工具,成为引领组织变革发展的重要引擎。为适应组织级项目管理需求,解决以项目经理为核心的经典项目管理理论难以有效解决的问题,Turner 等(2001)将治理理论引入项目管理领域,项目治理(project governance)应运而生。根据美国项目管理协会(Project Management Institute,PMI)的定义,项目治理是指用于指导项目管理活动的框架、功能和过程,从而创造独特的产品、服务或结果以满足组织、战略和运营目标。项目治理又被称为"项目管理的管理"。与传统项目管理注重"通过管控手段把事做正确"不同,项目治理更关注"规定以正确的模式做事",强调项目管理活动需要与组织战略目标相契合。

项目治理可分为项目外部的项目治理以及对项目自身的项目治理。项目外部的项目治理即从单组织-多项目视角出发确定项目治理内容。在此视角下,项目治理强调协调组织内多项目与企业战略之间的关系,通过多个项目间的维护、协调与适应,确保项目目标实现和企业战略落实(Ahola et al.,2013)。项目自身的项目治理即依据项目治理跨组织的特性,从单项目-多组织视角出发阐释项目治理内涵。在此观点下,项目治理即建立起项目利益相关者认可并遵循的责、权、利分配规则和程序,主要解决项目利益相关者的责任角色承担、目标需求不一致、行为协同等问题,降低项目治理各角色承担的风险,满足所有利益相关者的需求和期望(Wei F et al.,2017)。项目外部的项目治理可为项目自身的项目治理提供良好的管理环境和有效的管理机制,以解决经典项目管理理论无法解决的制度层面问题,两者相互依存不可分割。项目作为临时性契约组织,大多基于正式的合同治理,强调严密的制度框架约束,详细的条约和严格执行的合同是规范项目治理的基础。

本章分别从单组织-多项目和单项目-多组织的视角出发,在 2.1 节中介绍单组织-多项目组织治理模式下企业组织模式的基本类型、各组织模式的优劣势对比与选择要素,提炼组织结构设计的基本原则,并提供案例分析供实践应用参考;2.2 节以工程项目为例,总结单项目-多组织治理模式下工程项目管理模式的基本类型及其优缺点与适用性,同时基于项目的临时契约组织定位,从合同管理角度出发,梳理工程项目甲乙方的定价与激励机制;在此基础上,梳理建设管理(construction management,CM)模式选择的一般原则和关键影响要素,并辅以案例分析;2.3 节基于大型基础设施工程案例介绍多组织协同的大型项目集的治理流程;2.4 节对本章内容进行小结。

2.1 单组织-多项目的组织治理模式

组织是管理学中的一个统称术语,是指在一定的环境中,为实现某种共同的目标,按照一定的结构形式、活动规律结合起来的,具有特定功能的开放系统。其组成包括 4 个要素:以人为能动要素、以共同目标为前提要素、以组织结构为载体要素、以管理流程为维持要素。企业是最典型的一种组织形式。

2.1.1 企业组织模式的基本类型

在一个企业中,各个工作部门受企业管理所需的管理层次和管理幅度约束,形成了各工作部门之间的内在关系和相互关系,也就构成了不同的项目管理组织结构。企业内部和外部的各种因素的变化对组织模式的选择产生影响,或者对已经选择的模式提出变化的要求。随着社会生产的变化和进步,组织模式也不断演变发展,其基本模式主要有职能型、矩阵型和项目型 3 种,其中矩阵型又可细分为弱矩阵型、平衡矩阵型和强矩阵型 3 类。各种模式的特点如表 2-1 所示,它们既可以帮助读者认知其所在公司的组织模式,也可以作为企业组织变革的关键要素。

表 2-1 企业组织模式的基本类型

项目管理特征	职能型	矩阵型			项目型
		弱矩阵型	平衡矩阵型	强矩阵型	
项目经理的职权	很小或没有	小	小到中	中到大	大到几乎全权
可用的资源	很少或没有	少	少到中	中到多	多到几乎全部
项目预算的控制者	职能经理	职能经理	—	项目经理	项目经理
项目经理的角色	兼职	兼职	全职	全职	全职
项目人员	兼职	兼职	兼职	全职	全职

事实上,各类组织模式之间的边界是连续而模糊的,可以按照组织结构的项目导向型主线分析组织模式特征,如图 2-1 所示。

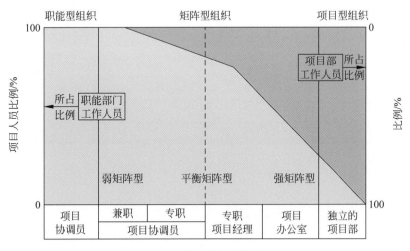

图 2-1 各类企业组织模式特征

1. 职能型组织

职能型组织结构起源于 20 世纪初亨利·法约尔在其经营的煤矿公司担任总经理时所建立的组织结构形式,故又称为法约尔模型。

该组织类型呈金字塔状,管理者位于顶部,然后按照专业职能进行下一级别的划分,直到最基层。企业的生产经营活动通过不同专业来划分各个部门,所以企业内任一个项目的实施都将按专业被分解到各职能部门去完成。职能型组织按职能模块来组织部门分工,即从企业高层到基层,均把承担相同职能的业务及其人员组合在一起,设置相应的管理部门和管理职务。随着企业产品种类的增多,市场多样化的发展应根据不同的产品种类和市场形态,分别建立各种集生产、销售为一体,自负盈亏的事业部制。而这种模式,主要优势在于有利于专业能力的培养和发挥;主要劣势在于因没有基于项目的管理线,而难以实现基于项目的进度目标、成本目标、质量目标及客户满意度等的管理。

例如,中国兵器工业集团的部门设置依据专业职能进行,属于典型的职能型组织结构,如图 2-2 所示。

图 2-2　职能型组织结构图示例

资料来源:中国兵器工业集团有限公司官网(2022 年 5 月)

2. 项目型组织

在项目型组织中,项目组的成员固定在项目部门,其所需的资源直接分配给该项目组,由项目组自己独立负责该项目工作,其中行政、人事、财务在企业授权的范围内进行管理。项目型组织不同于日常所说的项目部,而是指一种专门的组织结构。在这种模式下,主要优势在于项目组对资源和事务决策权的控制有利于项目目标的实现;主要劣势在于资源在不同项目间的共享可能受到制约,并可能造成企业内资源的重复配置。项目型组织结构适用于同时进行多个项目,但不生产标准产品的企业。常见于一些涉及大型项目的公司,如 IT、建筑、房地产和能源电力等行业的公司。例如,中国华电集团的组织结构中,在职能部门以外还设有多家区域/流域子公司分别对应管理各地项目,形成了典型的项目型组织结构,如图 2-3 所示。

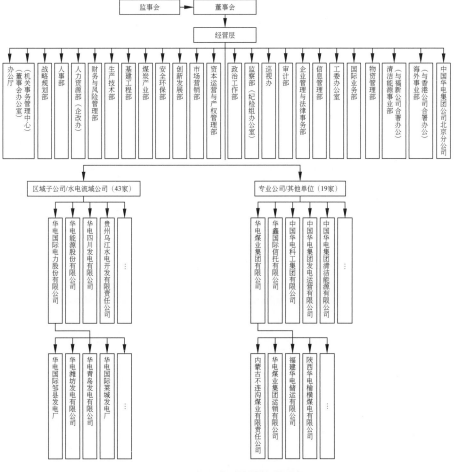

图 2-3 项目型组织结构图示例

资料来源:中国华电集团有限公司官网(2022 年 5 月)

3. 矩阵型组织

矩阵型组织模式是结合了职能型和项目型组织模式的优点并尽可能规避其缺点的一种组织模式,其按能力建设和目标实现两个维度进行整合。

现代企业经常面临一些非定性、非例行性的项目任务,涉及众多的部门,不是单一部门可以独自完成的。为完成这些项目任务,就需要建立非常设的专门项目团队。它们随特定的项目需求而建立,随项目任务的完成而撤销。其成员由各相关的职能部门根据任务的需要配备,但其永久的隶属关系仍属于原职能部门,在任务完成后返回该部门。项目经理对特定项目任务负领导责任,对整个工作统一协调和指导。相关的职能机关或部门对项目不负直接责任,但有义务予以支持与合作。这种组织形式既与单纯的职能结构不同,又同单独建立的项目型组织有别。

矩阵型组织按照组织内部项目与职能线条的资源分配和责权结构具体又可以分成3类:弱矩阵型、平衡矩阵型、强矩阵型,下面分别展开详细介绍。

1)弱矩阵型

弱矩阵型组织是指在一个项目中各个部门之间的工作通过一个协调员负责联系,而各部门成员之间相互协调来完成自己的任务。在实际执行中,由于协调员没有人、财等权限,所以相当多的协调和监控工作仍需要职能部门负责人分担,对从项目总体视角进行的协调与监控依然缺位。这种模式偏向于职能型组织模式,但是管理的效果通过协调员的作用较职能型有所提高,不足之处是由于没有明确的项目经理,管理效率的提高受到一定的限制。弱矩阵型组织模式如图2-4所示。

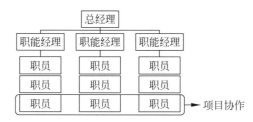

图 2-4   弱矩阵型组织模式示意图

2)平衡矩阵型

在平衡矩阵型组织中设置了项目经理与职能经理,形成了"平衡"。在这种模式下,项目组织中的项目经理由来自组织内某职能部门的成员担任,其不仅仅需要做好本项目的管理,而且还要负责其所在职能部门的工作任务。项目中来自各个部门的其他成员在向原部门报告工作的同时,也要向负责项目管理的项目经理报告,此时的项目经理在一定的授权范围内处理和安排事务。项目经理这一岗位的出现,不仅使项目管理得到了一定的保障,而且提高了项目的工作效率。但由于项目及其项目经理的临时性,项目经理出于对其"后路"的考虑,仍难以将项目目标作为其工作的首要目标,对项目目标实现的保证力依然不足。平衡矩阵型组织模式如图 2-5 所示。

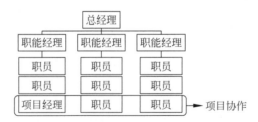

图 2-5　平衡矩阵型组织模式示意图

3）强矩阵型

强矩阵型组织是在平衡矩阵型组织的基础上,通过设置部门之间横向工作联系的项目管理办公室,负责企业内项目管理的制度、管理平台、知识平台建设和对企业内多项目的监控服务,同时对项目经理进行考核等,而项目经理也可以通过项目管理办公室与上级联络和沟通。由于项目管理部门的存在,使项目管理工作依托项目管理办公室具有永久性存在的隶属感,解决了平衡矩阵模式之下项目经理的后顾之忧,使其能够全身心地投入到项目中;并使得管理数据、经验、制度和模式能够持续地积累、改进和发展,项目经理也可按"常设"岗位培养和发展,这样从制度上、人员上、资产上都得到了保障。强矩阵型组织模式如图 2-6 所示。

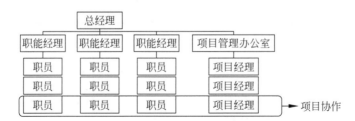

图 2-6　强矩阵型组织模式示意图

2.1.2　各组织模式的优劣势对比与选择

企业的组织模式随着企业管理实践的发展,从传统的职能型模式发展出项目型模式,两者优劣性的互补进一步衍生出矩阵型模式。但这并不意味着新兴的模式一定优于传统的模式。事实上,各种组织模式的共存,正表明其各有优劣势,不同特点适应于不同类型项目的企业,应用中应进行科学的对比和选择。组织设计（organization design）作为一门独立的学科,研究企业组织模式的设计和优化,与组织行为学、人力资源管理和战略管理理论紧密关联。以下针对从事项目管理活动的组织,分析各种组织模式的特征和优劣势,给出模式比选的指示性原则。

传统（狭义）的项目管理是提高执行力的理念和技术,其主要内容包括 3 个方面:一是集成资源的理念、模式和机制；二是确保一次性实现目标的高效做事流程；三是相关的技术与工具。现代项目管理在此狭义概念基础上向前延伸至发现需求甚至巧妙地培育需求而产生项目及其方案，向后拓展以实现项目最终的效益、市场、品牌等目标，以支持组织持续发展的战略目标。于是就需要全新的企业组织模式：以项目为单元，将注重能力建设的职能型"永久性组织"与注重目标实现的项目型"临时性组织"相结合，使组织内的资源在多项目间动态共享，在"实现项目目标的同时实现各参与个体目标"的集成原则下，达到各资源（公司、部门或个人）主动参与、集成增值、和谐发展，形成了项目导向型企业管理更广义的管理理念和模式，从组织视角构建了现代项目管理理论。

总体来说，职能型模式因其专业性和永久性特点有利于专业能力的建设，而项目型模式因其目标明确性和临时性有利于目标实现和效率的提高，所以企业组织模式的选择应该根据企业项目（业务）的特点来选择。同时，兼顾职能型和项目型优点的矩阵型模式又需要共享文化和制度的支持，所以企业组织模式的选择还应该考虑企业的文化和制度因素。企业项目管理组织模式选择的考量因素（各种模式的适用范围）可以参考表 2-2。

表 2-2　企业组织模式选择的考量因素

项 目 属 性	职 能 型	矩 阵 型	项 目 型
不确定性	低	高	高
所用技术	标准	复杂	新
复杂程度	低	中等	高
持续时间	短	中等	长
规模	小	中等	大
重要性	低	中等	高
客户类型	各种各样	中等	单一
对内部依赖性	弱	中等	强
对外部依赖性	强	中等	弱
时间限制性	弱	中等	强

企业的运营活动具有稳定、程式化的特点，而项目则具有临时、独特、逐步优化的特点，因此项目管理过程往往具有其独特性和未知性。这就更需要面向目标的管理，要让项目的参与者都充分了解项目的目标，并为达到共同的目标发挥各自的作用，项目有关信息在项目组中需要充分地共享。这种要求与传统企业的层级组织结构特征有较大差异。如果说军队是传统的层级组织的代表，那么项目管理的组织方式就更像乐队，演奏者之间都是平等的，大家都清楚地了解整个乐谱和自己的角色，主动配合整个乐队的演奏，通过出色地完成自己的演奏而为整个乐队添色，这是项目管理在管理文化上与传统层级管理的最大差别。

在现代项目管理理论和实践中,没有一种组织模式是万能的,无论是职能型、项目型还是矩阵型,包括其他的组织模式,都各有其优缺点,没有对错之分,只有合适不合适的选择区别。因此了解各种模式的优缺点,并理解企业的实际情况,才能做出正确的选择。

企业组织模式的基础是组织结构,组织结构会从根本上决定企业的治理结构。企业组织结构设计是指以企业组织结构为核心的组织系统的整体设计工作,其根本目的是实现企业的战略任务和经营目标。组织设计领域的研究基于理论分析和实践经验总结,将企业的组织结构设计应遵循的原则归纳为以下9条:

(1)任务目标原则。企业的组织设计,必须为实现企业的战略任务和经营目标服务。这是组织设计总的指导原则。

(2)精简效能原则。在完成任务目标的前提下,应当力求做到机构最精干,人员配置最为合理,管理效率最高。

(3)专业分工与协作原则。现代组织的管理工作量大、专业性强,分别设置不同的专业部门,有利于把管理工作做得更细,提高各项专业管理效能。但与此同时,各部门会产生一系列的差异,必须在企业组织设计中十分重视并加强横向协调,才能提高管理效率。

(4)指挥统一原则。要保证在组织结构下,组织的行政命令和经营指令集中统一。

(5)有效管理幅度原则。管理幅度,是指各管理者直接领导下属的人数。由于人的精力、知识、体能等各种限制,一个人能够有效地领导下属的人数是有限的。古典管理学派把个人的有效管理幅度确定为5~6人。当然,有效管理幅度并不是一个固定值,不同业务、不同组织、不同管理者,其有效管理幅度大小不同。

(6)责、权、利相结合原则。责任与权力相对应,责任与利益相结合。

(7)集权与分权相结合原则。组织内部既要有必要的权力集中,又要有必要的权力分散,两者不可偏废。

(8)稳定性与适应性相结合原则。组织的稳定性是开展正常活动的前提条件,但组织的外部环境和内部条件会经常发生变化,这要求组织有良好的适应能力,克服僵化状态,使其能及时而方便地按照项目的需求做出相应的改变,以适应内外环境变化的新情况、新要求。

(9)执行和监督分设的原则。要求组织中的执行机构和监督性机构分开设置,不应合并成一个机构,如质量监督、财务审计等工作应与生产执行部门分设。

在表2-2给出的组织模式在选择需考量的因素和以上9条主要原则的基础上,组织模式设计可以看作根据组织设计原则,考虑组织业务特征和内外部环境条件,优化组织模式特征的问题。

2.1.3 案例分析

本节选取勘测设计企业 A 的组织模式发展历程进行介绍,为深入理解单组织-多项目的组织治理提供实践案例参考。A 公司针对原有体制的弊端,通过广泛调研并结合自身特点对组织模式进行了调整,由职能型组织模式转变为矩阵型组织模式(第一次改革),经过一段时间的实践,呈现出优秀的业绩,但也出现了新的问题;然后再次调整为集约式矩阵型组织模式(第二次改革)。

1. 第一次改革:职能型组织向矩阵型组织转变

1)背景和环境

20 世纪末,正逢经济发展和电力体制改革的上升期,公司承接的水电项目也有了大幅增长,需要尽快改善生产组织模式以保证新增项目能够优质按期完成。在原职能型组织模式下,各部门管理范围有限,存在人员调动困难、积极性不高、信息沟通不畅等问题,难以应对市场竞争,也不符合当时同时间有多个工程处于不同设计阶段实施的现实情形。另外,也存在各部门领导对其部门所承担的职能控制权互斥的问题,导致条块分割、专业间协调困难。

如采用矩阵型组织模式进行项目管理,可以由项目部统一协调本项目各专业的关系,使各专业的工作协调地分阶段推进,有利于工作开展;同时,由于矩阵型组织模式强调"以项目管理为中心、专业管理为基础",可以对各专业生产人员实行动态管理,使设计人员同时参与不同实施阶段的多个工程,节约人力资源、提高工作效率。

2)实践过程

(1)生产部门的设置及主要职责。按照矩阵型组织模式的实践要求,同时考虑到公司的实际情况,生产部门机构设置为 7 个专业设计部(规划设计部、水工设计部、机电设计部、施工设计部、金结设计部、勘科设计部、建筑设计部),专业设计部内分设专业设计室,专业设计室的设置既要考虑专业的特点明确分工,又要考虑人力资源灵活调配,保持部门设置相对稳定,以利于资源调度和专业技术水平、产品质量的提高。

专业设计部的主要职责包括以下几项:

① 做好日常行政管理、实耗工日统计管理和人事管理工作。

② 在项目实施阶段,向项目部推荐本专业的项目负责人、专业负责人,并及时派出参加项目部工作;明确专业总工程师在各项目的技术分工;会同项目负责人组建本专业设计部项目专业设计组。

③ 组织完成各项目部下达至本专业的生产任务,协调并审查本专业各项目负责人编制的项目工作计划,做好本专业内各项目之间的人员协调平衡工作,组织各项目负责人落实项目的进度和人员安排,保证各项目的计划在本专业设计部的落实,及时落实并

派出各项目的驻工地设计代表。

④ 认真执行质量体系文件,对设计质量程序中规定由专业设计部负责一级审查的工作内容质量负责,保证各项目的专业质量计划和目标落实。

⑤ 在项目投标阶段,组织完成投标项目中本专业分工范围内的技术工作和报价工作。

(2)职能部门的设置及主要职责。职能管理部门设经营发展部、工程管理部、财务与资产管理部和总经理工作部。

工程管理部在项目管理中的主要职责有以下几项:

① 组织编制项目管理有关文件,检查实施效果并持续完善修订。

② 做好生产的综合计划管理和统计工作;监督、检查各工程项目计划完成情况,协调项目部与专业设计部之间的进度安排和资源配置,对公司项目管理中存在的有关问题提出解决的办法和建议;编制工作项目季度报表。

③ 负责工程项目宏观经费控制。

④ 会商总经理工作部推荐项目经理人员;组织下达项目任务书,协助项目经理组建项目部;向项目部选派计划质量工程师。

财务与资产管理部负责按项目进行成本核算、财务管理及年度决算工作;经营发展部配合项目部催收工程款;总经理工作部会商工程管理部推荐项目经理人选。

公司矩阵型项目管理组织结构如图 2-7 所示,图中各节点为各专业设计部的项目负责人。

(3)项目部的设置及主要职责。根据项目进展情况和区域市场开拓的需要,组建单一项目部或综合项目部。当任务有变化或承接新任务时,工程管理部负责提出项目部调整和新设的建议,报公司批准后实施。项目部由项目经理负责组建,项目部成员包括项目经理、项目设总(设计总工程师)、设代处长、计划质量工程师、各专业设计部项目负责人、专业负责人。在各专业设计部由项目负责人、专业负责人和参加项目涉及的人员组成项目专业设计组,接受项目部和专业设计部的双重领导。

项目经理由工程管理部会同总经理工作部提出推荐意见,由总经理工作部组织考核,报公司批准后由总经理聘任;或通过其他有效的方式考核聘任。项目设总和项目副经理由项目经理提名,经总经理工作部组织考核后报公司批准,由总经理聘任。项目经理可兼任项目设总。设代处长由项目经理聘任,作为项目经理在施工现场的全权代表,负责现场设代处的组织管理工作,做好现场技术交底,及时处理施工中的有关问题。项目计划质量工程师由工程管理部选派,职责是协助项目经理进行项目的计划管理和各专业工作量的核定;协助项目经理对项目的质量管理进行监督、检查、反馈和改进;接受工程管理部和项目部的双重领导。项目负责人、专业负责人由专业设计部推荐并

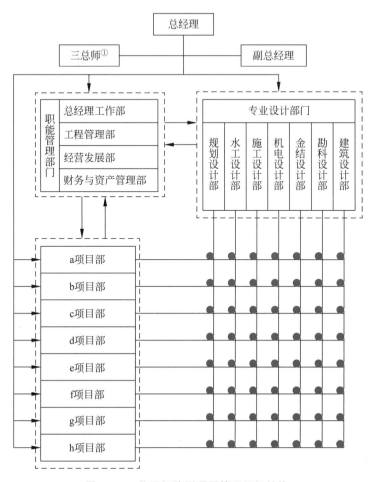

图 2-7　A 公司矩阵型项目管理组织结构

会商项目经理同意后,由项目经理聘用,专业设计部派出。专业设计人员根据工作需要由项目负责人会同专业负责人与专业设计部协商后,由专业设计部负责安排,由项目负责人和专业负责人组织开展工作。

项目部的主要职责有以下几项:

① 代表公司全面负责与业主的工作联系和对外联系,负责合同内容的全面执行,负责项目的设计策划、内外部接口协调及设计数据的管理,负责项目进度、质量和成本费用的总体控制。

② 根据工程管理部下达的项目任务书和公司签订的合同内容,编制项目的勘测、设计、科研总体控制计划和年度控制计划,编制项目经费预算,编制项目质量计划。

③ 按照规章制度,组建项目部和项目专业设计组。

④ 监督、检查项目进度计划和质量计划的执行情况,协调项目实施过程中存在的

---

① 三总师指总工程师、总经济师、总会计师。

内外部接口,按季度组织编制专业互提资料计划,定期提出项目进展情况报告。

⑤ 贯彻公司的质量方针和质量目标,保证公司的质量体系在项目勘测设计工作中有效运行,对项目产品质量全面负责。

⑥ 负责项目部人员的聘用和项目中各级人员的工作情况与考核。

⑦ 负责项目成本的控制,包括项目费用开支控制和生产工日控制。

⑧ 负责项目内部工作组织和技术协调工作,负责与职能管理部门和其他项目之间的协调。

3) 矩阵型模式的绩效

A公司以项目管理为中心、专业管理为基础的矩阵型组织模式实行的6年间,在组织上为承担更多的项目提供了平台和空间,并使项目的质量、进度、成本得到有效控制。同时也培养出了一批既懂技术又熟悉项目管理的复合型人才,科学管理水平不断提高,使企业功能由过去单一的设计咨询,转变为从勘测设计到建设管理咨询从而为顾客提供工程建设全过程服务的经济实体。

(1) 项目进度控制绩效。实行矩阵型组织模式前,A公司只承担了一个开工项目和两个前期项目,公司的生产水平面临严峻考验;在第一次改革后的6年后,公司同时承担的大中型水电项目超过20项,无论是承接项目的数量还是项目产值均创建立以来的最高水平。在矩阵型组织模式下,项目的工作目标与任务明确,并由专职项目经理负责项目工作,提高了工作效率与反应速度,相对于原来的管理模式来说,减少了工作层次与决策环节,各个项目均较好地按计划进行,完成了预期目标。实践证明,按照传统的组织模式,A公司所承接的任务与其所拥有的生产力量是不匹配的,但在矩阵型组织模式下,项目部和各设计部的共同努力充分发挥了其能力,使得项目的进度能够严格地按计划进行,说明矩阵型组织模式在A公司项目进度控制方面是积极有效的。

(2) 项目成本控制绩效。与矩阵型组织模式相配套的设计部效益奖励核定办法和分公司利润目标考核办法突出了成本控制,从公司估工组到项目部、设计部和分公司实行多级成本目标控制,公司估工组负责制定项目经费宏观控制目标,对项目部按公司估工组核定的各项经费进行控制和实施情况考核,对设计部和分公司按完成产值的一定比率实施成本控制和考核。通过对采用矩阵型组织模式以来设计部和分公司的成本进行分析,发现成本控制情况明显好转,项目的成本控制不仅达到了最基础的控制目的,而且切实提高了资金使用效率,说明矩阵型组织模式及其配套办法在A公司项目成本控制方面是积极有效的。

(3) 项目质量控制绩效。矩阵型组织模式明确了项目责任,加强了质量管理的过程控制,使之贯穿于项目管理的全过程中。在原有模式中设计部从专业角度开展的质量控制不变的情况下,增加了矩阵型组织模式中项目部从项目整体角度的质量控制,同时通过项目部的矩阵型管理较好地解决了原各专业之间的质量接口问题,使得质量控制在专业内部、各专业之间和项目整体均得到有效实现,矩阵型管理的优势在质量控制过程中也得到了充分体现。通过对各专业和各项目部完成产品的情况进行抽查,发现产品合格率均达到100%,这说明矩阵型组织模式在A公司项目质量控制方面是积极有效的。

(4)企业效益绩效。得益于矩阵型组织模式的全面推行和有效管理实践,A公司的生产经营情况逐年好转、稳步提高,有效的管理模式带来了企业市场观念的更新,以项目经理为核心直接面向市场,可以更好地满足业主和社会不断发展的需求。对实施矩阵型组织模式管理的前后效益进行比较,改革前A公司年营业收入不到5000万元,而在实施了新组织模式后的第六年,年度项目收入总额超过3.5亿元,全员劳动生产率稳步提高,企业效益快速增长。

2. 第二次改革:矩阵型组织模式向集约化转变

1)战略背景与现实需求

在A公司从职能型组织转变为矩阵型组织的6年后,各项经营指标再创新高、市场声誉进一步提高、综合竞争实力不断增强。A公司随之制定了新的长远目标和发展战略,即在10～15年的时间内把公司发展成为"学习型、科技型、国际型"的国际一流工程公司。

但与此同时,矩阵结构中的20多个项目部都需要分别与各职能部门和专业设计部门进行沟通,呈现出管理幅度过大的扁平化特征。尽管扁平化的组织结构可以防止机构臃肿和简化程序,然而过于扁平化的结构也会增加管理难度,需要适当增加管理层级来对项目进行组合归类管理。因此,A公司施行的矩阵型组织模式面临着进行集约化的新要求。

2)集约式矩阵型组织模式的特点

"集约"一词的现代含义是指:在社会经济活动中,在同一经济范围内,通过经营要素质量的提高、要素含量的增加、要素投入的集中以及要素组合方式的调整来增进效益的经营方式。集约式矩阵型组织模式的特点是在充分利用一切项目资源的基础上,通过项目组合方式的调整更集中合理地运用矩阵型项目管理方法,充分发挥人力资源的积极效应,以提高工作效益和效率。

3)实践过程

科学控制管理幅度,适当增加管理层级,对已经成立的项目部进行分类整合,通过不同的分类方式可以体现出不同的市场导向,适应企业市场方面的可持续化发展需求,并进一步提高顾客满意度。按照A公司的项目业务特点,具体分类集约的方向包括按流域、地域、服务对象、项目类别、技术特点等要素进行。

下面以按照流域分类集约为例说明分类的核心思想。水电行业勘测设计工作是从整条河流的综合规划开始,进行技术开发和经济开发分析,然后确定开发顺序,针对每个项目进行预可行性研究、可行性研究、招标设计和施工图设计等工作,从而掌握整条河流的整体情况。把一个流域的多个项目集约整合到一个综合项目部,具有有利于发挥综合开发效益、优化开发时序、掌握流域共性特点等优势。按照流域分类集约化的矩阵型组织模式如图 2-8 所示。

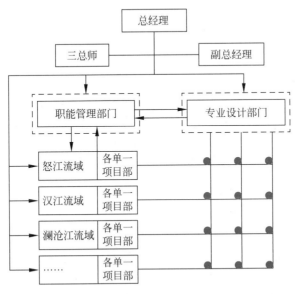

图 2-8 按照流域分类集约化的矩阵型组织模式示意图

按照地域、服务对象、项目类别、技术特点进行分类集约化的矩阵型组织模式分别如图 2-9～图 2-12 所示。不同集约模式的优点分析如表 2-3 所示。

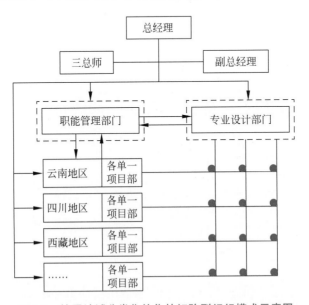

图 2-9 按照地域分类集约化的矩阵型组织模式示意图

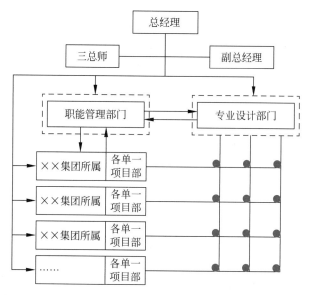

图 2-10 按照服务对象分类集约化的矩阵型组织模式示意图

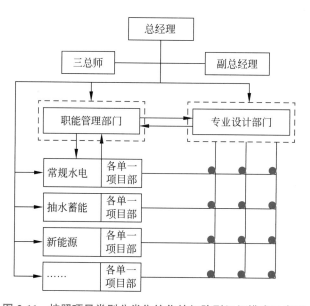

图 2-11 按照项目类别分类集约化的矩阵型组织模式示意图

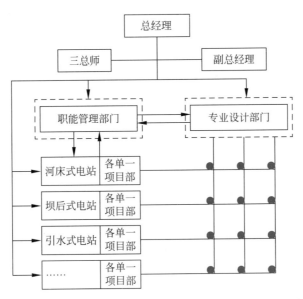

图 2-12　按照技术特点分类集约化的矩阵型组织模式示意图

表 2-3　A 公司不同集约式矩阵型组织模式的优点分析

集约化方式	优点分析
按流域	掌握整条河流的整体情况,有利于发挥综合开发效益,优化开发时序、流域共性特点等优势
按地域	有利于发挥区域项目利益相关方和人力、材料、设备等资源优势,并在近距离项目间分享调控
按服务对象	我国的大型电力开发业主有限且其开发模式、思维方式、工作风格、企业文化不同,按此集约有利于更好地为业主服务,提高服务质量,并顺利开展项目管理工作
按项目类别	水电勘测设计企业从事的项目类型包括常规水电项目、蓄能水电项目、新能源项目、工民建项目等,按此分类集约有利于专业资质、能力、共性问题的管理
按技术特点	水电工程项目的重大技术问题需要专门研究,要求的能力高、投入大,按引领项目的重大技术(如堆石混凝土筑坝技术)集约有利于集中资源攻关尖端技术,并在多项目应用中发挥效用

　　A 公司在模式选择实践中首先考虑了有利于资源的集约,特别是人力资源的集约,因此项目类别和技术特点两个要素是主要考虑因素;其次在满足自愿的情况下,重点考虑项目的特点和实际情况,对应要素为项目特点。由此最终得到的集约式矩阵型组织模式如图 2-13 所示。

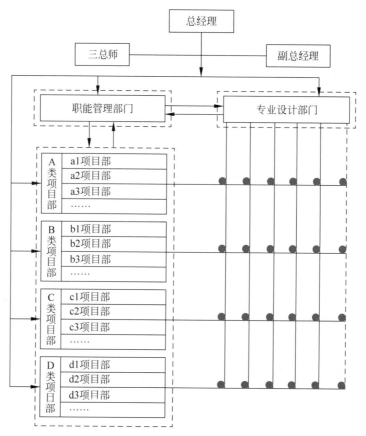

图 2-13　A 公司集约式矩阵型项目管理组织结构

2.2　单项目-多组织的项目治理模式

工程项目涉及诸多内外部利益相关方,是典型的单项目-多组织环境。工程项目管理模式规定了项目管理的总体框架,是项目治理的重要内容。严密设计的合同是单项目环境下对多个参与组织临时协作进行治理的基础。下面以工程项目为例,介绍单项目-多组织项目治理模式视角下的工程项目管理模式的基本类型及项目甲乙方之间的合同定价与激励机制。

2.2.1　项目管理模式基本类型

工程项目的管理模式是工程项目建设的基本组织模式,规定了完成项目过程中各参与方所扮演的角色与合同关系。具体而言,工程项目的管理模式确定了项目各参与方的责权分配、风险分担和利益分配,对项目的成功至关重要。随着市场需求持续变化,项目管理的理论和技术也不断更新,业主和建设企业及各干系人在工程项目中承担的角色不断转变,从而衍生出各类不同的建设管理模式。下面对国内外常用的工程建设管理模式及其优缺点、适用范围进行总结。

1. 设计-招投标-施工模式

在美国,直到 20 世纪 60 年代,工程项目管理的主要模式还是传统的设计-招投标-施工(design-bid-build,DBB)模式。我国于 20 世纪 80 年代引入此模式。DBB 模式各方关系如图 2-14 所示。在 DBB 模式下,业主委托咨询单位进行可行性研究等前期工作,在完成项目评估立项后再进行设计工作,在设计阶段进行施工招标文件准备,之后通过招投标选定承包商。承包商按设计图纸的要求进行施工,并由工程监理进行质量监督。业主自身组建项目管理部,直接参与项目的实施管理,协调设计、施工和监理的关系。

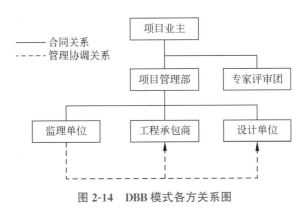

图 2-14 DBB 模式各方关系图

DBB 管理模式作为传统的管理方法已经十分成熟,各参与方对管理程序也较熟悉,但此模式也对业主的项目管理部提出了较高的管理要求。业主需配备足够数量的管理和技术专业人员,同时还要耗费大量的精力去全程参与协调和平衡各合同方之间的关系。由于设计、施工、监理分别招标,各参与方之间缺乏有机的联系,对技术问题的协商机制比较弱,有时甚至相互推脱责任,阻碍项目的顺利实施。对于工程承包商而言,这种模式管理最简单,风险最少;对于业主而言,此种模式管理要求更高,风险也更高。

因此,该组织模式一般适用于业主方人员充足且具备相应的专业技术能力、资源调配关系不复杂的项目。采用该模式时,一般使用单价合同作为计价形式,按验收通过的实际工程量分项计价。

2. 建设管理模式

建设管理(construction management,CM)模式在 20 世纪 60 年代发源于美国,以快速跟进(fast track)为其主要特点。1994 年 8 月,同济大学丁士昭教授首先在全国项目管理研讨会上提出"中国建筑要走国际化道路,应采取多项措施",其中之一就是引进和推广 CM 模式,至此 CM 模式管理理念开始引入我国。

CM 模式就是采用快速跟进(即对项目阶段采用平行搭接)的方式进行,从开始阶段就雇用具有丰富设计和施工经验的 CM 单位参与到建设工程实施过程中来。常见的 CM 模式有两种,各方关系如图 2-15 所示。第一种为代理型建设管理(agency-CM)模式(见图 2-15(a))。在此模式下,业主需在各施工阶段与承包商签订工程施工合同,其合同管理的工作量及组织协调工作量将大大增加,因此业主雇用 CM 公司作为其咨询和代理。第二种形式为风险型建设管理(at-risk-CM)模式(见图 2-15(b))。采用这种模式,CM 公司同时担任施工总承包商的角色,除咨询业务外同时承担了工程施工风险。业主与 CM 单位签订 CM 合同,而与大部分分包商或供货商之间无直接的合同关系,因此对业主来说,合同关系简单,对各分包商和供货商的组织协调工作量较小。

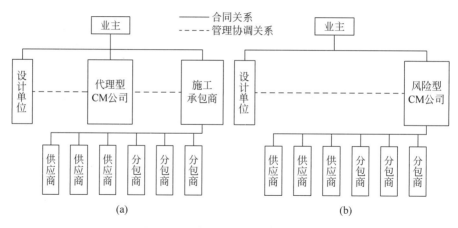

图 2-15 代理型 CM 模式与风险型 CM 模式各方关系图

采用 CM 模式可以较好地协调设计、施工的关系,从而缩短工程从规划、设计到竣工的周期,节约投资成本,降低投资风险,并使项目较早地投入运营而取得收益。但与此同时,"边设计、边施工"可能造成项目完工前业主无法准确地把握整个工程项目的投资,且会面临设计思路难以连贯的风险。此外,CM 承包人的资质、信誉和素质对项目的管理水平影响很大。

CM 模式适用于建设周期长、工期要求紧、变更灵活性要求高或规模较大无法准确定价的复杂项目。采用这种模式,一般要求在 CM 合同中限定保证最大工程费用(guaranteed maximum price,GMP),以保证投资的有效控制。如果最后结算超过 GMP,则由 CM 公司承担;如低于 GMP,节约的投资则按照合同,由业主与 CM 公司按事先规定的比例分享。

3. 设计-采购-施工总承包模式

设计-采购-施工总承包（engineering-procurement-construction，EPC）模式在 20 世纪 60 年代起源于美国，是一种典型的总承包管理模式。随着现代工程建设项目的规模越来越大、内容越来越复杂、标准越来越高、涉及面越来越广，EPC 管理模式将设计、采购、施工进行一体化管理的优势日益凸显，逐渐成为优先选择。

EPC 模式各方关系如图 2-16 所示。在 EPC 模式下，项目投资人与 EPC 承包商签订 EPC 合同，业主只需说明其投资意图和产品要求，EPC 承包商即负责从项目设计、采购到施工的全面服务和管理。EPC 模式的组织形式较为灵活，根据国际经验，可以采用以下 4 种方式组建 EPC 总承包商：一是既有设计能力，又具有施工能力，可独立地承担建设工程项目的设计、施工、采购等全部任务的企业作为 EPC 总承包商，此为典型的模式；二是由设计单位和施工单位为一个特定的项目组成联合体或合作体承担建设工程项目的总承包任务，这种联合体或合作体依托项目成立，待项目结束后即解散；三是由施工单位承担建设工程项目总承包的任务，设计单位作为分包商承担其中的设计任务；四是由设计单位承接建设工程项目总承包的任务，施工单位则作为分包方承担其中的施工任务。

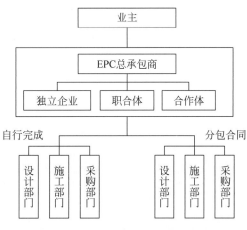

图 2-16　EPC 项目管理模式各方关系图

采用 EPC 模式，责权划分清晰，业主减少了参与项目管理的过程，重点关注重要问题、关键节点、竣工验收和产品交付使用，而 EPC 承包商则承担了绝大部分风险。总承包商的工作具有连贯性，减少了协调工作量，可以防止设计与施工之间的责任推诿，提高了工作效率。EPC 合同一般采用总价合同（lump sum price）。在总价固定的前提下，承包商的利润决定于自身的技术和项目管理水平，这有利于调动承包商的积极性，促使承包商投入更多的技术和管理资源来实施项目，有利于提高项目的功能性质量。EPC

模式也存在一些不足：首先，业主在转嫁风险的同时也增加了造价；其次，尽管理论上所有的工程缺陷都由承包商承担责任，但工程实践中质量的保障很大程度上依赖于承包商的自觉性，承包商可能通过调整设计、工艺等方法降低成本，长远意义上影响工程质量。此外，从承包商角度出发，获得业主变更令以及追加费用的弹性也很小。

EPC 模式一般适用于规模较小、工期较短，且具有成熟技术的功能性工程，项目的最终价格和要求的工期需要有更大程度的确定性，如工厂、发电厂、石油加工等基础设施。国际咨询工程师联合会（Fédération Internationale Des Ingénieurs Conseils，FIDIC）编制的《设计采购施工（EPC）/交钥匙工程合同条件》（银皮书）是对此模式的最好诠释和应用。

4. 项目管理承包模式

项目管理承包（project management contract，PMC）模式出现于 20 世纪 90 年代中后期，现已成为国际上应用较为广泛的大型建设项目管理和承发包模式之一。在我国的应用则以 2003 年建设部出台《关于培育发展工程总承包和工程项目管理企业的指导意见》为起始标志，是近年来我国鼓励和推行的项目管理方式之一。

PMC 模式下的各方关系如图 2-17 所示。业主聘请专业的，具备相应资质、人才和经验的项目管理承包商，与其签订总承包合同，分包商直接与 PMC 承包商签订分包合同。PMC 承包商代表业主在项目组织实施的全过程或若干过程中提供项目管理服务，不实际承担相应的施工任务，但为项目的各项目标对业主负责。PMC 的工作范围较广，工作内容涵盖目标控制、合同管理、信息管理、组织协调等。相对的，业主只需要少量的管理人员，介入项目管理的程度较浅。

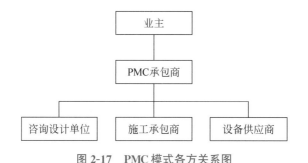

图 2-17　PMC 模式各方关系图

PMC 合同体现了项目管理责、权、利的高度统一：业主授予 PMC 承包商的管理权限越大、内容越多，支付的管理费用相对越高，PMC 承包商要承担的风险也相对更大。PMC 模式具有诸多优势：首先，PMC 全过程、专业化的项目管理承包很大程度上提升了整个项目的管理水平，节约了投资成本，确保项目目标实现；其次，采用 PMC 模式有利于业主精简项目管理机构和管理人员,集中精力做好战略管理;最后,PMC 合同多采用成本加酬金的计价方式,奖惩与成本相关联,充分激发了 PMC 管理创新、节约成本的积极性,提升了业主的投资回报,实现了双赢。但此模式的成功推行很大程度上依赖于PMC 承包商,要求其具备良好的信誉、丰富的经验、较高的技术能力和管理水平。

PMC 模式一般适用于投资和规模巨大、工艺技术复杂的大型项目,利用银行和国际金融机构、财团贷款或出口信贷而建设的项目以及业主方内部资源相对短缺的项目。

5. 建造-运营-移交模式

建造-运营-移交(build-operate-transfer,BOT)模式于 20 世纪 80 年代在国外兴起,指政府项目利用私人或企业资金、人员、设备、技术和管理优势进行融资、建设、经营的项目管理方式,主要用于政府基础设施项目。

BOT 模式各方的关系如图 2-18 所示。具体是指政府部门就某个基础设施项目与项目公司签订特许协议,在协议规定的特许期限内,授权签约方承担特定的公用基础设施项目的投资、融资、建设、运营和维护,并准许其通过向用户(或客户)收取费用或出售产品以清偿贷款、回收投资并赚取利润。项目公司以经营期间的营运收益作为抵押,向银行申请专项项目贷款,作为项目建设期间除自有资金外的资金来源。政府对这一基础设施具有监督权和调控权,特许期满时,签约方需将该基础设施无偿移交给政府部门。

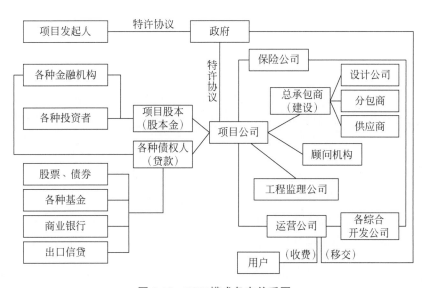

图 2-18　BOT 模式各方关系图

在国际融资领域,BOT 模式不仅包含了建设、运营和移交的过程,更被视为项目融资的一种方式。项目融资具有有限追索权的特性,通过项目融资方式融资时,银行只能依靠项目资产或项目的收入回收贷款本金和利息。如果项目失败,银行可能无法收回贷款本息,因此项目结构往往比较复杂。为了实现这种复杂的结构,需要做大量的前期工作,所以 BOT 项目前期费用较高。

BOT 还有建设-拥有-经营(build-own-operate,BOO)、建设-拥有-经营-转让(build-own-operate-transfer,BOOT)、建设-租赁-转让(build-lease-transfer,BLT)、建设-转让(build-transfer,BT)、移交-经营-移交(transfer-operate-transfer,TOT)等多种变体形式,可适应不同的项目环境。

不同的建设管理模式,在项目中各角色承担的工作、项目风险的分担以及付费方式等方面也有不同。在实践中需结合项目实际情况,选择合适的建设管理模式,以保障项目的顺利实施。

2.2.2 项目甲乙方之间的定价与激励机制

建设工程项目中,承包合同规定了业主与承包商之间的权利和义务,是双方最高的行为准则。合同计价方式作为建设管理模式的核心要素,决定了项目费用风险在甲乙双方之间的分配,直接影响到合同价款支付管理、合同变更与索赔管理。合理的合同计价方式可以充分发挥承包商的项目管理优势,调动承包商风险管理的积极性。目前普遍采用的合同计价方式包括单价合同、总价合同、成本加酬金合同等。下面分别从各计价方式的具体内涵、使用范围与风险分担等方面展开介绍。

1. 单价合同

单价合同(unit price contract)包括固定单价合同和可调单价合同。固定单价合同即单价固定、工程量可变的合同,合同价格按照承包商投标单价和实际完成的工程量确定并结算。在招标过程中,业主规定分部分项工程量清单(bill of quantities,BOQ)格式并填入估算工程量,承包人根据"估算工程量"设计其施工方法,从而得出相应工程的报价并填入工程量清单表中相应单价,各行汇总计算出工程总报价。在这种计价方式下,设计图纸和工程量清单一起定义和描述了承包商工作的详细内容、标准和要求,在实际履约过程中以实际完成并经监理确认的有效工程量乘以 BOQ 中的单价进行计量支付。

采用单价合同时由承包商承担工程价格变化的风险,业主承担工程量变化的风险,可以有效避免某一方承担过多的风险。由于风险分配方式更为合理,这种计价方式在工程实践中被普遍采用。但单价合同也存在一定的局限性:由于业主承担了工程量的风险,承包商缺乏优化设计降低工程量的积极性;工程造价在项目实施过程中持续变化,不确定性较大,不利于控制总投资规模;此外,由于该计价方式以工程量清单为基础,业主和承包商容易因为工程量清单中的工作内容与实际工作内容规定不一致而产生分歧。因此业主与承包商应当对工程量清单中内容的具体内涵达成共识,并在清单中形成详细的说明,以避免因理解不同带来争议。

采用固定单价合同时,由于承包人所报的单价是以招标文件中工程量清单提供的工程量为基础计算的,工程量的大幅度变动可能导致固定费用与实际投入的严重偏差,因此要求实际完成的工程量与原估计的工程量不能有实质性的变化。《建设工程工程量清单计价规范》(GB 50500—2013)中规定,当工程量清单项目工程量变化幅度超过±10%时,允许调整合同单价。另外,可调单价合同即根据合同约定条款可对单价进行调整。如在工程实施过程中发生物价变化,或部分分项工程单价在工程结算时根据实际情况和合同约定进行调整。

单价合同一般适用于工期长、技术复杂的大中型工程,项目实施过程中不可预见风险较多、工程内容不确定或工程量变化较大的项目。

2. 总价合同

总价合同(lump sum contract)可分为固定总价合同与可调总价合同两种形式。固定总价合同是指在确定的工程范围和工作内容下,双方约定一个固定总价,由承包商一笔包死,无特殊情况,如除业主增减工程量或设计变更外总价不再调整。这种合同一般要求业主提供详细的工程施工图纸,业主应对其提供文件的准确性、正确性和充分性负责,投标人按照图纸和其他招标文件要求对工程项目报价。价款通过单位工程竣工时支付或按时间分阶段支付,每阶段款项的支付以承包商完成既定的工程内容为前提。

采用固定总价合同时,承包商承担了工程量和价格变化等绝大部分风险,业主承担的风险很低。但相应的,承包商会考虑一定额度的风险费,总报价一般较高。总价合同因其管理简单、结算方便等特点受到业主的青睐,一般适用于工程条件相对稳定,不确定性较低,工程量无变化或变化小,并且工期内工程单价较为稳定的项目。要求招投标期相对充裕,为承包商提供足够的时间考察现场、复核工程量、分析招标文件、拟定施工方案,以减少不可预见因素对合同价格的影响。在国际工程承包中,一般交钥匙工程和工业项目均采用固定总价合同的形式。业主在招标时只提供项目的初步设计文件,无法提供准确的工程范围及工程量清单,承包商必须承担全部的工程量和价格风险。因此,报价中不可预见风险费用可能较高。

可调总价合同价格同样以图纸和规范为基础,但其按照时价(current price)进行计算,得到包括全部工程任务和内容的暂定合同价格。在合同执行过程中,由于通货膨胀等原因导致的成本增加,可按照合同约定对合同总价进行相应调整,调值工作必须按照约定的条款进行。一般情况下,由于设计变更、工程量变化和其他工程条件变化引起的费用变化也可进行调整。

与固定总价合同相比,可调总价合同对项目实施过程中的风险进行了分摊,发包方承担了通货膨胀等不可预见的风险,所以不利于其进行投资控制,而承包商只承担项目实施过程中实物工程量成本和工期等因素的风险,风险有所降低。

可调总价合同一般适用于工期较长(如一年以上),工程内容和技术经济指标明确的项目。

3. 成本加酬金合同

成本加酬金(cost plus fee,CPF)合同,即业主向承包商支付实际工程成本中的直接费(一般包括人工费、材料费和机械设备费等),并以此为基数按照双方商定的比例支付管理费和利润作为酬金的一种合同形式。根据酬金计算方式的不同,可进一步分为成本加百分比合同、成本加固定费合同、成本加激励费合同。

1) 成本加百分比合同

成本加百分比(cost plus percentage of cost,CPPC)合同,即承包商实报成本,并按成本的百分比提取酬金。在此计价方式下,业主承担大量的管理工作和几乎所有风险,承包商不承担风险,所以一般规定的酬金百分比较低。由于承包商在工程实施过程中缺乏控制成本的积极性,酬金与实际成本挂钩,因此甚至可能出现承包商故意提高成本的情况。CPPC合同在一些国家的公共项目中被禁止使用。

2) 成本加固定费合同

成本加固定费(cost plus fixed fee,CPFF)合同,即承包商按照实际成本进行报销,业主再按约定支付固定费用作为酬金,实践中该费用一般按项目成本估算的某一百分比计算。此种计价方式同样没有鼓励节约成本的机制,业主承担高风险,承包商承担低风险,但抑制了承包商"故意提高成本"的冲动,一般适用于需要合同执行一段时间后方可知道是否能成功的项目,例如,需要长时间攻关的科研项目。

3) 成本加激励费合同

成本加激励费(cost plus incentive fee,CPIF)合同,即在按实际成本报销、加固定费作为利润的基础上,再按事先确定的比例共享节余成本作为奖励。分享的比例一般依据合同双方承担的风险大小确定。在此种计价方式下,业主仍然承担了较高风险,而承包商承担较低风险,但可以鼓励承包商节约成本以获取额外利润,一般适用于工期长、投资大的项目。

成本加酬金合同都以承包商的实际成本为基础,故在此类合同中,承包商不用承担经济风险,工程量与价格风险均由业主承担。我国2013年7月1日开始实施的《建设工程工程量清单计价规范》(GB 50500—2013)中对成本加酬金合同适用条件明确阐述为："紧急抢险、救灾,以及施工技术特别复杂的建设工程可采用成本加酬金合同。"

4. 固定价加激励费合同

固定价加激励费(fixed price plus incentive fee,FPPIF)合同在成本加酬金合同的基础上发展而来。在工程项目实施前,由业主和承包商达成协议,确定该项目的目标成本(target cost,TC),可以是总价的形式,也可以是基于 BOQ 清单的单价形式。同时约定目标利润(target profit,TP)、封顶价(ceiling price,CP)和分享比例(share ratio,SR),目标成本与目标利润之和即为目标价格(target price,TP)。在履约过程中,若实际成本低于目标成本,节约部分由业主和承包商按合同中约定的 SR 分享;如果实际成本高于目标成本,则对超出部分也按 SR 在业主和承包商间承担,但业主支付的总价不得超过封顶价。

由于封顶价的设定,承包商承担了一定的工程成本风险,因此 FPPIF 计价方式较 CPIF 可以更好地调动承包商主动控制成本、高效利用资源的积极性。但在项目实施过程中,工程变更对目标成本的影响可能容易引起纠纷,需要在合同设计中关注。FPPIF 合同一般适用于投资大、建设期长的项目。

采用合理的合同计价方式,可以有效加强对承包商的激励和约束。业主应当根据具体项目的特点,结合自身情况,灵活选择合同计价方式,从而有效地控制风险,保障项目目标的实现。

2.2.3　建设管理模式选择影响因素

工程项目的建设管理模式是业主组织和协调工程各方实现项目目标的方式,对项目目标的实现具有重要影响。

建设管理模式的选取需要充分考虑各方面因素,管理模式必须适应项目条件。项目条件指业主在短期内无法改变但影响建设管理模式选择的内外部客观条件。众多学者识别分析了项目条件要素,影响模式选择的项目条件可归纳为项目内部条件和外部条件两类:内部条件包括业主能力及其风险偏好等(Gordon,1994;Sheath,1994;Luu,2003);外部条件包括项目复杂程度和承包商能力等(Cheung,2001;Mahdi,2005)。

同时,选择管理模式需要考虑业主期望通过合理的管理模式所实现的绩效目标,包括进度、费用、质量等项目结果绩效和灵活应对项目变更、控制风险等过程绩效。英国国家经济发展办公室(National Economic Development Office,NEDO)在 1985 年识别了 7 项影响管理模式选择的项目过程绩效和结果绩效目标,受到大部分学者和实践者的广泛认可。

综合以上两方面考虑,影响建设管理模式选择的要素体系如图 2-19 所示,作为模式选择的参考框架。

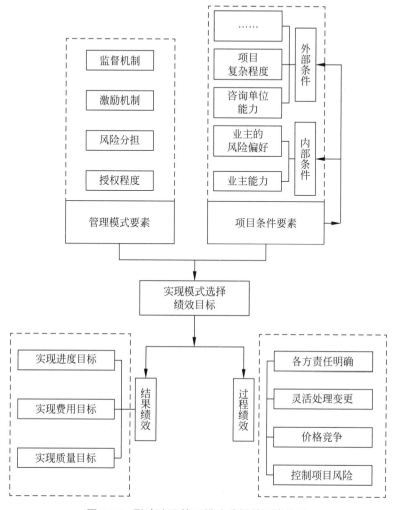

图 2-19 影响建设管理模式选择的要素体系

2.2.4 案例分析

下面以某大型基础设施水电站建设项目(以下简称"B项目")为例,介绍实际工程项目中建设管理模式的选择思路。

B项目的建设地为典型高山峡谷地貌,两岸自然边坡高陡,地质灾害危险性评估级别为一级,属地质灾害高易发区。工程从 2003 年开始勘察,2007—2012 年为预备可行性研究和可行性研究阶段,为项目立项提供决策支持;2012 年可行性研究报告获得批复,项目正式在某省发展和改革委立项;2012—2015 年项目进行招标设计,在 2015 年下半年招标设计结束后决定采用 EPC 模式。

通过现场调研和访谈等形式,作者课题组对 B 项目采用 EPC 模式的原因进行了充分了解和调查,主要调查内容包括两方面：项目条件要素,具体分为外部条件与内部条件；项目绩效目标,具体分为过程绩效与结果绩效。

1. 项目条件要素

1）内部条件

（1）业主能力。业主 Y 公司作为区域电力市场中举足轻重的独立发电企业,具备管控大型 EPC 项目的能力。

（2）业主风险偏好。业主 Y 公司在针对 B 项目的规划目标中关注建设效率的提高、建设风险的转移,并且考虑到我国未来水电站建设项目数量有限,期望能严格控制业主在建设项目上的人员规模,因此不再适合传统的由业主承担主要风险且需引进大量业主方管理人员的 DBB 模式。

2）外部条件

（1）项目复杂程度。B 项目在较早时期已经达到招标设计深度,2015 年招标时已结束前期地勘工作,重大设计方案也比较确定。工程地质条件基本明确,工程设计风险被降低,后期设计优化的可能性小,风险可控。

（2）承包商能力。总承包商联合体由设计单位 H 公司和施工单位 Q 公司组成,双方都有丰富的工程经验,同时考虑到 B 项目因前期设计工作完成度较高,后续难度可控,无论是技术还是管理等方面,对于联合体双方来说都可以胜任。此外,H 公司参与了前期工程的地质勘测工作,Q 公司也参与了部分前期工程,联合体在投标前已对工程有了较为清晰的认识。

2. 项目绩效目标

1）过程绩效

采用传统的 DBB 模式开展建设管理的项目普遍存在各承包商与业主的合同条件不清晰、承包商与业主相互推诿责任影响工程进度等问题。而在 EPC 模式下,总承包商与业主的责权划分更加明晰,降低了业主参与协调和管理多个承包商的风险,建设流程的标准化也更容易推行,有利于项目过程绩效的控制管理。

2）结果绩效

在 EPC 模式下,总承包商基于工程实际集成资源,统筹多工区、多专业,可在一定程度上缩短建设周期；限价 EPC 合同使得工程建设的费用风险明显向承包商转移,有利于控制项目投资并保障工程质量。

将 B 项目采用 EPC 模式进行建设管理的考虑因素与 2.2.3 节中的要素体系（图 2-19）进行对照,如表 2-4 所示。可以认为,B 项目采用 EPC 模式是科学合理的选择。

表 2-4　建设管理模式选择要素与 B 项目要素对照

理论要素		分项要素	是否考虑	具体考虑内容
内部条件	业主能力	融资能力	√	业主具备管理 EPC 项目的能力
		技术能力	—	
		管理能力	√	
	业主偏好	公司定位	√	考虑 Y 公司定位、转移风险需求
		风险偏好	√	
		控制项目的意愿	—	
		对其他参与者的信任程度	—	
外部条件	项目自身特点	项目规模	√	项目地质条件风险可控
		项目技术复杂程度	—	
		项目技术不确定性	√	
	承包商相关因素	潜在承包商的信誉	√	联合体双方经验丰富，专业技术过硬、管理水平较高
		潜在承包商的能力	√	
过程绩效	项目控制	过程控制管理的需求	√	EPC 模式责权划分更加清晰，有利于标准化流程管理
结果绩效	进度绩效	缩短建设周期的需求	√	EPC 模式可缩短建设周期
	费用绩效	节约成本的需求	√	EPC 总价合同，费用风险转移给总承包商
	质量绩效	保障工程质量的需求	√	总承包商承担质量风险

2.3　多组织协同的大型项目集治理

随着项目管理的发展和应用，不同公司将项目管理融入组织管理实践的程度不同，每个公司的组织模式演进也不尽相同。大量企业的组织模式已不能划归为纯粹的某一种模式，但可以拆解成项目、职能、矩阵型的组合嵌套，不同的组合嵌套方式决定了组织能否适应所从事行业和项目的需求，影响了组织的资源集成、信息传递、业务衔接的管理效率，分析组织模式和项目实际特征匹配的意义正在于此。因此，本节以南水北调项目的组织管理实践为案例，分析多组织协同的大型项目集治理模式对项目管理的影响。

南水北调工程从工程管理上看是比较典型的项目型组织，每个省(山东、江苏、河南、河北等)的南水北调公司可以看成是以地理位置为单位分割的项目集，每个项目集内又划分为多个工程单元，每个单元是一个相对独立的项目。但是同时，作为一个组织，南水北调工程建设委员会办公室下设的各个公司也是典型的职能条线，每个职能条线也对(下级)各省的项目公司具有监管职能。

1. 南水北调工程管理整体组织框架

南水北调工程建设采用多层次治理,在政府行政监管层面的高层次决策机构为国务院南水北调工程建设委员会(以下简称"国务院建委会")及其办事机构。国务院建委会下设办事机构——国务院南水北调工程建设委员会办公室(以下简称"国务院南水北调办"),主要职责是制定有关政策和管理办法,对主体工程建设实施政府行政管理,协调解决建设过程中的重大问题,负责政府层面的工程验收。为确保决策的科学性,成立南水北调工程建设委员会专家委员会(以下简称"专家委"),对工程建设的重大问题为国务院建委会提供决策支持。

工程沿线的南水北调工程建设领导机构(地方南水北调工程建设委员会)及其办事机构(地方南水北调工程建设委员办公室)构成了地方政府行政监管及配套服务线;同时,以项目法人为首的承担工程建设管理、勘测设计、监理、施工等任务的各参建单位,构成了工程建设管理线。二者均在国务院南水北调办的领导和监管下参与南水北调工程建设和管理。地方南水北调工程建设委员会办公室的主要任务是负责征地拆迁、移民安置,实施节水治污及生态环境保护等工作,并负责配套工程建设。项目法人是工程建设和运营的责任主体,其主要任务是全面负责工程建设管理,对工程质量、安全、进度和投资负总责。

对于工程建设管理工作的指导和监管,国务院南水北调办下设建设管理司,具体包括:协调、指导、监督和检查南水北调工程的建设工作;监督管理南水北调工程建设市场和工程招投标;监督管理南水北调工程建设监理和工程质量;指导监督南水北调工程安全生产管理等。

2. 南水北调工程建设管理体制中的职责分配

南水北调工程针对不同的管理层级,充分考虑不同组织模式的优缺点,建立匹配各管理层级的组织结构,具体包括以下 3 个方面。

1) 南水北调总体工程的矩阵型管理

南水北调的矩阵型结构匹配了工程总体管理的宏大任务。各项目法人承担了项目经理(或项目集经理)的角色,对项目成果的交付全权负责,而建设管理、征地移民、投资计划等职能线并存,保证了从工程进度、质量、移民、环保和投资控制等多方面对工程任务的监管。

2003 年 7 月,为确保南水北调工程的顺利实施,国务院成立了国务院南水北调工程建设委员会,作为南水北调工程建设高层次的决策机构,决定工程建设的重大方针、政策、措施和其他重大问题。

2003 年 8 月,国务院设立了国务院南水北调工程建设委员会办公室,作为国务院建委会的办事机构,行使南水北调工程建设期间政府行政管理职能。负责研究提出南水北调工程建设的有关政策和管理办法,起草有关法规草案;协调国务院有关部门加强节水、治污和生态环境保护;对南水北调主体工程建设实施政府行政管理。工程沿线各省、直辖市成立南水北调工程建设领导小组,下设办事机构,贯彻落实国家有关南水北调工程建设的法律、法规、政策、措施和决定。

由国务院建委会及其下设机构的职责结构可见,南水北调工程总体建设管理所采用的组织结构是矩阵型结构。如前所述,矩阵型组织结构兼具职能型组织结构和项目型组织结构的特征,尤其适用于管理如南水北调工程这类包含多方面目标的多个项目。

对比南水北调工程的总体建设管理体制和各种矩阵型组织结构的特点可见,南水北调工程采用了强矩阵型组织结构,这种混合的组织形式在常规的职能层级结构之上"加载"了一种水平的项目管理结构,并且更倾向于基于项目搭建管理团队。这种组织结构与南水北调工程总体建设管理的需求实现了有效匹配,使各单元工程形成有机的整体,便于管理各子项目功能上的依赖关系,其优点在于:

(1)发挥了职能型组织结构的专业能力优势,资源可以在多个项目中共享,大大减少了项目型组织中资源重复设置和不便于学习交流的问题。例如,对于各单元工程的通水验收,建设管理司统一成立了通水验收领导小组办公室,统一组织验收工作的开展,避免了为每个工程项目单独建立验收班子的资源浪费,更避免了单个工程分别进行验收可能产生的标准不一、效率低下等问题。

(2)项目是工作的焦点,对项目给予更强的关注,能更加有力地负责协调和整合不同单位的工作。例如,对于工程的进度管理,项目法人依据可行性研究报告和初步设计,以设计单元工程为单位编制总体进度计划,明确各设计单元工程里程碑目标和总体建设目标。这就从根本上落实了项目进度管理的职责,保证了项目目标与组织结构的匹配。

(3)当有多个项目同时进行时,组织可以平衡资源以保证各个项目都能完成其各自的进度、费用及质量要求。这一点对于南水北调工程这类线状工程尤为重要,各段工程只有相互连通才能够实现南水北调工程的总体功能,矩阵型的组织结构有效地匹配了跨项目统筹组织协调的需求。

另外,矩阵型组织结构也存在其固有的缺陷。例如,典型矩阵型组织结构的固有缺陷在于项目组成员有两个上司,当职能部和项目部两条线的指示产生分歧时,会使项目成员感到左右为难,无所适从。国务院建委会作为工程建设高层次的决策机构,保证了命令统一和目标统一的管理原则,从很大程度上避免了这一问题。

2)国务院南水北调办对各项目法人工程的项目型管理

南水北调工程的项目型组织结构匹配了工程建设管理的具体目标:在建设管理方面,南水北调工程采取了多层级的项目型组织结构,按照项目所处的地域建立项目法人,项目法人再设立分支机构(如建管处)负责各单元工程的建设管理工作。各项目法人管理着一系列在地域上独立、在功能上互相依赖、必须统一协同才能发挥效益的项目集群,属于项目集管理的范畴。

建设管理司从南水北调工程整体的角度,统一监管各项目法人,项目法人则针对各单项工程(或单元工程)派驻分支机构(各建管处、项目部等)。这体现了组织级项目管理的思想,有效地将南水北调宏大的建设任务分解为可执行、可考核的子项目目标。

根据南水北调工程总体规划和分期建设要求,并考虑到历史情况、现状条件以及工程运用功能,对于主体工程分别成立以下建设项目法人单位:南水北调中线干线工程建设管理局、南水北调中线水源有限责任公司、南水北调东线江苏水源有限责任公司、南水北调东线山东干线有限责任公司。

针对每一个单元工程乃至单项工程,都有具体的项目法人负责管理,在建设管理方面实现了按项目设置部门,各项目部门分别对不同层次项目(项目集)的实施负责;以项目为单位配备人员,人员归属于项目部门管理。项目型的组织模式与南水北调工程多个层次的、基于项目的建设管理目标实现匹配,形成了以下优势:

(1) 从事项目管理的团队重点集中,项目团队工作者的唯一任务就是完成项目,并只对项目的可交付成果负责。

(2) 对项目法人进行了充分授权,发挥了项目型组织中项目团队内聚力高、任务目标一致的优势。

3) 项目法人工程的职能型管理

项目法人层面嵌套的职能型组织结构匹配了项目层面的精细管理。在具体的单项目管理层面,南水北调工程的各项目法人采用了精细的职能型组织模式,按照专业技术划分部门,对工程的进度、质量、技术、财务、设备和调度运行等各方面进行专业而精细的管理,充分发挥了职能型组织模式下匹配专业技术与项目任务的优势。

南水北调工程根据工程建设的需求在项目层面采用了一种嵌套式的职能型组织结构,促进了南水北调工程在项目层面的精细化管理。

如图2-20所示,南水北调中线干线工程建设管理局(以下简称"中线局")下设15个职能部门,分别负责人力资源管理、财务与资产管理、科技管理、工会工作、质量安全监督、宣传工作、工程维护、信息机电、水质保护、档案管理、计划发展、综合管理、审计稽察、党群工作和总体调度运行等职能。这样的部门设置完全按照工作内容的专业划分,是典型的职能型组织结构。同时,中线局还包括5个直属单位:渠首分局、河南分局、河北分局、天津分局和北京分局。这是有别于传统的职能型组织结构的集约,表现出了按照项目划分组织结构的特征。但中线局总体的组织结构与矩阵型结构存在着根本的区别,其直属单位拥有自己的项目管理团队,即各分局不通过中线局层面共享职能部门的人力资源。因此,各直属单位嵌套于中线局,中线局的组织结构包含了职能和项目两条线,但这两条线并不像传统矩阵型组织中那样完全交叉,中线局的组织结构更加偏向于职能型,更加匹配根据专业划分项目管理任务、进行精细化项目管理的需求。

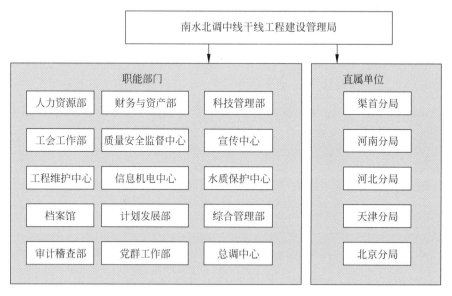

图 2-20　南水北调中线干线工程建设管理局的组织结构

嵌套的职能型组织结构不仅仅存在于各项目法人,更存在于其分支机构。例如:中线局河南分局包含各职能部门,同时下设各建管处;各职能部门按照专业划分,各建管处则按照地域划分。这种组织结构层层嵌套,一直到完全按照职能划分的基层单位。图 2-21 是根据对某建管处的调研绘制的组织结构示意图,可见,该建管处作为基层单位没有进一步下设分支机构,其组织结构完全按照专业职能划分,而部门的数量和职能也更加精简,构成了典型的职能型结构。

综合以上对于南水北调各层次单位组织结构的分析可见,在这种组织结构下,各职能部门均承担项目的部分工作,而涉及职能部门之间的项目事务和问题由各个部门负责人负责处理和解决,在职能部门负责人层面进行协调。

3. 南水北调工程建设管理体制:目标集成和资源集成

1)目标集成

南水北调工程的建设管理体制集成了多层次的治理目标,实现了基于项目的任务分解和目标落实,在南水北调总体工程、项目法人工程和单元工程建设管理 3 个层次针对性地设计了组织结构。

在单项目管理上,南水北调工程以计划管理为核心、以进度管理为主线,目标是在各种约束条件下完成令南水北调工程项目利益相关者满意的产品(这里的产品是广义的概念,它可以是具体生产的产品,如浇筑的混凝土、安装的钢结构等,也可以是一份报

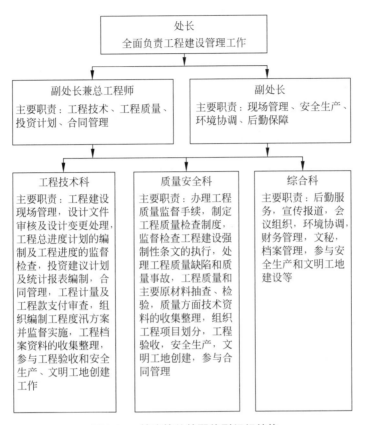

图 2-21　某建管处的职能型组织结构

告、一个工程等）。由于交付单项目产品所需实施的各种活动间有着严格的合理逻辑关系，所以单项目管理的重点聚焦在项目内的逻辑关系管理上。度量其成功完成的标准是按质量、进度和预算交付。尤其是南水北调工程对进度的管理，充分体现了分解任务、集成目标的思想。在单项目管理层面，项目法人派驻工程现场的项目建设管理单位（项目建管处）统一组织协调和领导设计各监理和施工单位进行各级计划编制和监控。

在多项目管理上，南水北调工程是典型的线状工程，各段工程在功能上相互依赖，需要协同一致才能实现工程的总体目标，因此，项目集和项目组合管理对于南水北调工程尤为重要。南水北调工程项目法人在单元工程乃至各段工程层面的进度管理充分体现了对于功能上相互依赖的各项目的统一协调管理，凝聚了南水北调工程对于项目集和项目组合管理的智慧。针对南水北调工程进度管理在以上各方面的挑战，南水北调工程实行了控制性项目进度管理制度，有效地分解项目任务、集成为项目集目标。

在组织级项目管理成熟度的制度建设上，南水北调工程整体层面制定的一系列管理制度、管理办法、技术指南等集中体现了组织级项目管理成熟度模型中以制度为核心的管理思想。面对南水北调工程巨大的投资规模、极高的施工强度、复杂的建设环境和业务协调，严格的安全、工期与质量要求，要想实现进度管理目标，必须建立责任明确、运转高效、控制有力的进度管理责任体系,创新管理思路,落实管理责任。南水北调工程结合工程特点,建立了政府监督、项目法人总负责的多层次进度管理体系。各单位都明确了进度管理部门、岗位职责和责任人,制定了进度管理制度。

可见,南水北调工程在组织整体的层面建立了明确的进度责任体系,保证了多个层面的进度管理有落实、有抓手、有监控,由此构建了多维度、立体化的进度管理能力。项目、项目集和项目组合是一种"基于单件事成功"的管理理念,组织内最高层次的管理通过不断完善的制度治理来保障所有项目、项目集和项目组合的成功实现。这种制度建立的方法论就是组织级项目管理成熟度模型(organizational project management maturity model,OPM3),它是学习、评价和改进组织项目管理水平的体系,可以作为建设和改进项目治理能力的指导性标准和方法,其具体内容将在第 3 章叙述。

2)资源集成

南水北调工程的建设管理体制集成了多层次的组织内部和外部资源,实现了资源与任务的匹配。

(1)政企分开、资产清晰:一方面,充分发挥政府对南水北调工程的宏观调控作用;另一方面,南水北调工程适应改革的要求引入市场机制,探索新型建设与管理体制。政企分开原则明确地界定了政府监管部门和项目法人的责权划分。南水北调工程政企分开的资源集成体制如图 2-22 所示,这一体制既集成了政府所提供的外部资源,也充分调动了项目法人的积极性,实现了内部资源的有效集成。

(2)运管结合、利用市场配置资源:南水北调工程项目法人对建设期和运营期负总责,这种管理体制给予各项目法人充分的授权,也便于项目法人进行企业化管理。根据建设管理体制改革的要求,南水北调工程建设要严格实行项目法人责任制、招标投标制、建设监理制、合同管理制。项目法人对项目的策划、资金筹措、建设实施、生产经营、债务偿还和资产的保值增值,实行全过程负责。

南水北调工程项目法人,按照市场机制集成市场资源,自主经营,自负盈亏,良性运行。工程建设阶段,运用市场机制,实施项目管理,降低了成本,保证了质量,缩短了工期;工程投产后,公司运作考虑了水商品的特殊性,加强管理,根据不同行业用水需求、不同的输水距离、不同的用户承受能力等,建立合理的水价形成机制。国家控股、授权营运、统一调度、公司运作,这 4 个方面共同形成了一个不可分割的体系。这样的体制既可以有效克服市场失灵问题,又可以防止滥用政府权力;既可使得工程投资来源多渠道,责、权、利比较明确,又有利于产权管理。

4. 南水北调工程的管理协调机制

在上述建设管理体制的框架下,国务院南水北调办建立了中央政府、建委会成员单位、省市南水北调工程领导机构及办事机构、项目法人等多层次多部门的监督、管理和

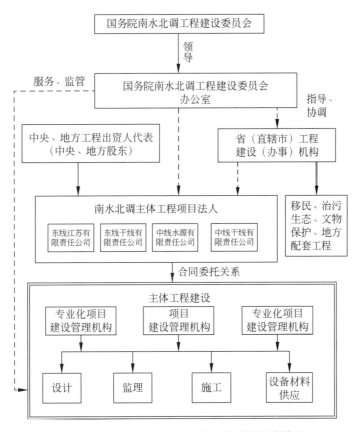

图 2-22　南水北调工程政企分开的资源集成体制

协调机制,在工程建设中发挥了重要作用。

1) 南水北调工程建设管理机制纵向职责

在中央政府宏观调控层面,国务院南水北调办主动向国务院、国务院建委会、国务院有关领导汇报工作进展情况,请示事项,使中央能随时了解南水北调工程进展。

在南水北调建委会成员单位层面,通过与中央有关部门和国务院建委会成员单位及国务院其他相关部委联系工作,加强沟通了解,争取工作支持,促进事项问题解决。通过协调,国务院南水北调办与国家发展和改革委员会、建设部、公安部、交通部、铁道部、环境保护部、国家文物局、国有资产监督管理委员会、国家电网公司等分别建立了双边或多边的工作协调机制,促进南水北调工程前期工作、工程建设、安全保障、道路交叉、治污环保、文物保护、项目法人治理结构等各方面工作的进展。

在省市南水北调工程领导机构及办事机构层面,省市南水北调工程领导机构及办事机构通过会议、培训、考察、研讨、座谈等不同形式,将中央有关南水北调工程建设的方针、政策传达到地方,并通过省市南水北调办事机构的工作,将中央决策落实到地方和基层。省市南水北调办事机构也以工作汇报的形式,及时向国务院南水北调办通报工程进展，反映遇到的问题和困难，并共同研究解决和处理的有效途径和措施。

在项目法人层面，国务院南水北调办通过加强项目法人的工作，推进南水北调工程建设进展，项目法人也将工程建设第一线的情况向国务院南水北调办反馈。

2）南水北调工程建设管理机制的组织横向协同

南水北调工程建设管理机制的组织横向协同包括外部利益相关方协同和项目群协同。

（1）外部利益相关方协同。项目管理理论认为，外部利益相关方治理依靠合同管理实现，而与外部利益相关方的协同也应以合同为纲。南水北调工程的外部利益相关方治理充分体现了以合同为纲的思想，保证了工程建设的顺利进行。

南水北调工程是关系国计民生的国家重大工程，涉及了广泛的外部利益相关方。因此南水北调工程的利益相关方协同显得尤为重要和特殊。

第一，南水北调工程的性质是兼具公益性和经营性的准公益性工程。南水北调工程是跨流域特大规模的供水工程，更是基础性的资源配置工程和生态工程，采用多元化、多层次、多渠道投资方式，既有财政投资，又有金融贷款；既有中央政府投资，又有地方政府投资。按照规划，东、中线主体工程的政府投资占80%，银行贷款占20%。在政府投资中，中央投资占60%，地方投资占40%。从工程的筹资、运营和建设管理等方式来看，该项目是兼具公益性和经营性的准公益性工程。准公益性大型工程的管理，对合作的需求往往比企业组织更为迫切，因为项目最终能在多大程度上实现预期的目标，不仅取决于项目各参与方自身的努力，更取决于它们之间合作的成效。

第二，南水北调工程的建设管理体制特殊，它既不同于一般的企业管理体制，也不同于传统的大型工程建设管理体制。南水北调建设与运行管理的总体思路是"政府宏观调控、市场机制运作、企业化管理、用水户参与"，这就使得南水北调工程外部利益相关方的协调表现出多层次性。同时，南水北调工程实行运管结合的管理体制，项目法人不仅对项目的建设期负责，还要主导项目的运营，实现对工程的全生命周期管理。因此，南水北调工程的利益相关方管理还表现出动态性的特点，即项目生命周期的不同阶段需要与不同的外部利益相关方进行协同，而各外部利益相关方在项目生命周期不同阶段的作用也不尽相同。图2-23中分析了南水北调工程的主要外部利益相关方，及其与项目法人的协调机制及其动态性和多层次性。

在南水北调工程建设与管理中，与外部利益相关方的协调起到了至关重要的作用，主要体现在制订水资源合理配置方案、协调调水区和受水区的利益关系、协调各省（直辖市）间的关系、协调调水与防汛抗旱的关系、协调移民搬迁安置、监督公司运行、制订合理的水价政策、建立节水型城市和社会、水污染防治和生态环境保护等多个方面的关系。如图2-23所示，项目法人与外部利益相关方以合同的形式相联系，通过合同管理

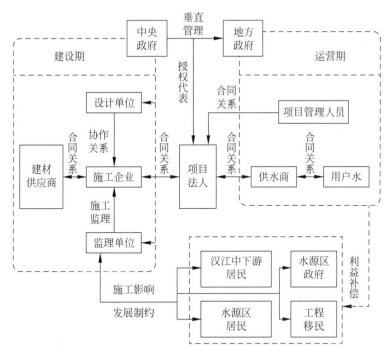

图 2-23 南水北调工程多层次的、动态的利益相关方协同

实现了与外部利益相关方的多层次、动态协同。

(2)项目群协同。项目管理理论认为,组织内部的治理依靠组织制度实现,南水北调工程对各项目构成的项目群形成了制度化的协同机制,保证了通过项目群的整合实现工程的整体功能。

南水北调工程建设项目具有大型化、综合化、复杂化、多样化的显著特点,它由一个整体目标框架下许多相对独立又相互联系的单个项目组合而成,这些项目之间在时间与空间上具有密切的联系,项目有大有小,难易程度不一,它们之间既有类似的地方,也有各自的独特性,并且涉及的管理单位十分繁杂。因此,识别南水北调工程项目群中众多项目之间协同管理的影响因素,通过科学的计划进行多项目管理,使所有项目的管理过程都按照既定的计划执行,是南水北调项目成功实施的关键。为此,南水北调工程构建了多项制度,保证了各项目之间的有效协同。例如,在工程进度管理方面,南水北调工程建立了工程建设进度协调会制度和控制性项目进度管理制度。

首先,控制性项目进度管理制度有机地将分属于南水北调建设管理体制内不同部门的进度目标有效地集成,对于多项目协同而言,控制性项目进度管理制度也为项目的进度协同提供了对比的标尺和资源平衡调度的参考。例如,对于同一项目法人负责的两项控制性项目,该项目法人可以在不同的时间节点对比两者的进度水平,协调两者之间的资源分配,实现项目的协同进展。

此外,工程建设进度协调会制度也是南水北调工程在项目群协同方面所积累的重要经验。2010年国务院南水北调办为推进南水北调工程建设进度,及时协调解决工程建设进度管理中存在的重大问题,确保建设目标的如期实现,根据国务院南水北调办主任办公会会议纪要(第3期),决定建立南水北调工程建设进度协调会制度。

① 南水北调工程建设进度协调会由国务院南水北调办主持,原则上每季度召开一次。参加单位主要包括国务院南水北调办有关司、有关省(直辖市)南水北调办事机构、项目法人、淮河水利委员会治淮工程建设管理局、有关省(直辖市)南水北调工程建设管理单位等。

② 会议的主要任务是:督促检查各有关单位进度管理工作落实情况,对各项目法人所辖的工程进度情况进行考核,通报综合排名情况;围绕与工程建设进度有关的问题进行研究讨论、协调决策。会议形成会议纪要。会议议题由会议主持单位确定,各省(直辖市)南水北调办事机构、各项目法人、淮河水利委员会治淮工程建设管理局于会前一周,向会议主持单位提出需要会议协调解决的问题。

③ 有关省(直辖市)南水北调办事机构及项目法人等单位负责会议研究确定事项的落实,并负责将落实情况及时报告会议主持单位。国务院南水北调办有关司根据工作职责分工,负责监督检查。

工程建设进度协调会从制度上保障了对各项目工程进度的监控,同时,会议通过讨论项目需要解决的问题实现项目间的协同作用。

3) 南水北调工程建设管理机制相关方利益、能力和任务整合

(1) 利益整合。南水北调工程的建设管理机制全面地整合了各利益相关方的诉求,对各利益相关方之间进行了有效的组织协调。

南水北调是典型的公益性水利工程项目,集中体现了项目管理的利益相关方视角,有效的组织协调机制对于实现利益相关方的整合至关重要。南水北调工程是典型的线状工程,沿线经过的地区多、影响的范围广、涉及的利益相关方复杂。南水北调工程作为关系国计民生的国家工程,高效地协调受工程建设影响和影响工程建设的利益相关方极具挑战性。在中央政府宏观调控层面和南水北调建委会成员单位层面,南水北调工程建立了完善的建设管理机制,充分分析各利益相关方的诉求,保证了工程建设的顺利实施,经过了实践的考验。

(2) 能力整合。南水北调工程的建设管理机制高效地整合了各部门的内部管理活动,充分发挥了建设管理体制的优势。

为了实现对南水北调工程建设的任务分解和目标集成,南水北调工程建立了规模庞大、数量众多、组织协调关系复杂的建设管理部门。南水北调工程的建设管理体制决定了各部门间组织协调机制具有相当的复杂性(见图2-24)。南水北调工程在省、

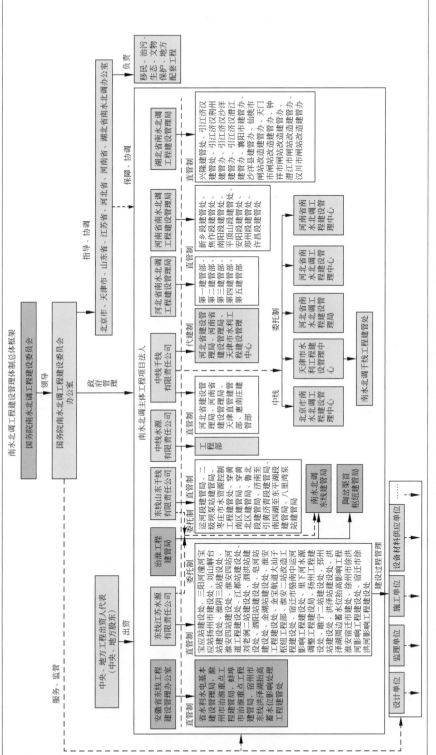

图 2-24 南水北调建设管理体制总体框架下的组织协调关系

市南水北调工程领导机构及办事机构层面的组织协调机制,与南水北调建委会成员单位层面的组织协调机制相结合,有机地整合了内部管理活动,充分发挥了建设管理体制的优势。

(3)任务整合。南水北调工程的建设管理机制系统地整合了各参建单位的项目任务,充分发挥了参建单位的技术能力。

南水北调工程对各子项目针对性地采用了组织协调机制,具体体现为直管制、委托制和代建制3种建设管理模式。项目法人是工程建设管理的主导,承担南水北调工程项目管理、勘测设计、监理、施工、咨询等建设业务单位的合同管理及相互之间的协调和联系。其中,南水北调工程项目法人是工程建设和运营的责任主体。建设期间,主体工程的项目法人对主体工程建设的质量、安全、进度、筹资和资金使用负总责,负责组织编制单项工程初步设计,协调工程建设的外部关系。承担南水北调工程项目管理、勘测(包括勘查和测绘)设计、监理、施工等业务的单位,通过竞争方式择优选用,实行合同管理。

2.4　本　章　小　结

本章以项目治理理论为基础,首先从单组织-多项目治理视角,梳理了企业组织模式的基本类型(职能型、矩阵型和项目型)及其特征,并对比了不同类型的优劣势,总结了企业组织模式选择的10大影响因素与9条原则,为企业设计组织模式提供了理论依据,同时提供了实践案例参考;其次基于单项目-多组织治理视角,以工程项目为例,整理了常见的工程建设管理模式及合同定价与激励机制的优缺点及适用性,阐述了建设管理模式选择的思路并提供了相关案例分析,可为项目自身的治理提供参考借鉴;最后以南水北调工程为例介绍了多组织协同的大型项目集治理模式。

参　考　文　献

AHOLA T,RUUSKA I,ARTTO K,et al.,2013. What is project governance and what are its origins?［J］. International Journal of Project Management. 32(8): 1321-1332.

CHEUNG S O,LAM T I,LEUNG M Y,et al.,2001. An analytical hierarchy process based procurement selection method［J］. Construction Management and Economics,19(4): 427.

GORDON C M,1994. Choosing appropriate construction contracting method［J］. Journal of Construction Enginering and Management,120(1): 196.

LUU D T, NG S T, CHEN S E, 2003. Parameters governing the selection of procurement system-an empirical survey［J］. Enginering Construction and Architectural Management,10(3): 209-218.

MAHDI I M, ALRESHAID K, 2005. Decision support system for selecting the proper project delivery method using analytical hierarchy process（AHP）［J］. International Journal of Project Management，23(7)：564-572.

SHEATH D M，JAGGAR D，HIBBERD P，1994. Construction procurement criteria：A multi-national study of the major influencing factors［R］. London：CIB.

TURNER R，KEEGAN A E，2001. Mechanisms of organization：roles of the broker and steward［J］. European Management Journal. 19(3)：254-267.

WEI F，TINGTING N，LILI W，2017. Project governance：current situation and future trend［J］. Science and Technology Management Research. 37(4)：200-206.

第**3**章

>>>>>>>>>>>>>

组织级项目管理能力建设

各类组织投入大量精力定义自身的长期与短期目标,并制定各种战略以期实现目标,但这些战略往往无法达到期望的效果。究其原因,除了战略本身不切实际或组织内无法形成推动战略前进的内部联盟外,更常见的,还是由于组织自身无法在战术层面上获得或形成实现这些战略的能力。随着项目成为各行业生产活动的基本组织单元,项目管理逐渐成为企业的核心组织能力,组织级项目管理理论应运而生。

组织级项目管理理论认为组织管理项目、项目集及项目组合的能力关系着其执行战略的有效性。随着人们对项目管理理论和实践的持续深入探索,如何开发组织能力,保证组织以标准化、可预测、可持续的方式改进项目管理实践,实现组织战略,提升组织商业价值成为关注的焦点。组织实践组织级项目管理的程度被定义为组织项目管理成熟度,关于组织级项目管理能力的研究主要围绕项目管理成熟度模型(project management maturity model,PMMM)展开。而组织使能因素(organizational enablers,OE,业界也称组织驱动因素)作为重要的组织支持因素,驱动了组织级项目管理实践,近年来得到越来越多的关注。所以,能力视角的组织级项目管理,注重项目管理成熟度提升和组织使能因素积淀的长期目标,将每一个项目作为实现这一长期目标的子过程(或短期手段)。

本章聚焦组织级项目管理能力建设,首先在 3.1 节梳理了组织级项目管理能力构建的理论框架,3.2 节对主流项目管理成熟度模型进行了系统介绍与对比,3.3 节总结了基于 OPM3 的组织使能因素最佳实践、适用于中国企业的使能因素体系及帮助企业在实践中识别并改进关键使能因素的系统方法,3.4 节介绍了 PMO 的概念、职责和分类,3.5 节识别了项目经理的核心能力指标体系,并探索相关能力与组织使能因素间的匹配规律,3.6 节则介绍了组织能力沉淀的理论与实践(温祺,2019)。

3.1 组织级项目管理能力

组织级项目管理是指与组织战略和商业目标相协同的系统性的项目、项目集和项目组合管理。组织级项目管理以组织视角关注选择"正确的"项目,并合理匹配关键资源,建立项目和组织战略之间的连接。

组织级项目管理理论为基于项目的企业管理活动划定了层级,识别了各层级的理论、管理范围、管理目标、管理要点和成功标准,认为:

(1) 项目管理(project management)是企业组织生产的基本单元,注重项目产品的实现(项目的可交付物)。其管理要点在于明确业务单元间的逻辑关系。单项目管理的本质是在项目活动中运用知识、技能、工具和技术以实现对一项具体任务、特定目标和预期成果的成功交付,以其预算、进度、质量作为管理绩效的考核标准。

(2) 项目集管理(program management)是以协同方式整合管理内容相关的单项目以实现联合价值的提升并构建组织的核心能力,实现按单项目管理所无法实现的整体目标。其要点在于理清各项目之间的优势互补并形成核心能力点的逻辑关系,满足综合性的市场需求和组织利益。许多项目集还涵盖持续运营的工作,如报纸和杂志的发行,航空公司的项目设计、研制、维修和售后服务等。

(3) 项目组合管理(portfolio management)将企业内部处于不同生命周期阶段的项目和项目集视为一个整体的资产集合,注重整合项目与非项目(运营),平衡和优化组织整体的投入-产出,以保持整个组织的健康发展。项目组合管理是一种投资管理战略,其核心任务在于发现机会选择项目、确定各类项目的优先级,最优化组织资源的利用,最大化项目组合的商业价值,最终服务于组织战略目标。项目组合管理的成功与否直接反映在整体的投入-产出和收益实现。

项目管理成熟度模型综合地描述了组织管理项目、项目集和项目组合管理的能力,衡量了组织内部环境有利于项目管理的程度。管理成熟度模型将组织整体作为评价对象,实质上是对组织环境和组织制度是否健全、成熟的评价,同时明确组织项目管理能力成熟的途径。表 3-1 总结了上述组织级项目管理理论框架。

组织使能因素本质上是组织项目管理能力的组成部分,作为支撑组织级项目管理流程的组织内部环境因素,通过项目、项目集、项目组合(3P)驱动组织级项目管理实践,为组织带来可持续的竞争优势。不同层级治理目标不同,对应需要的组织使能因素的聚力点也不同。

表 3-1　组织级项目管理理论的层级框架

理　　论	范　　围	目　　的	要　　点	评 价 标 准
项目管理成熟度模型	管理环境建设	制度管理	制度建设	如 3P[①]+OE
项目组合管理	项目+运营	健康发展	优先权	投资绩效 收益实现
项目集管理	多项目	能力建设	逻辑管理 (各项目间)	需求、利益
项目管理	单项目	产品实现	逻辑管理 (业务单元间)	质量、进度、预算

---

① 3P: 项目、项目集、项目组合。

PBO 以项目为基本执行单元,以项目、项目集和项目组合管理搭建组织级项目管理框架(Thiry et al.,2007)。通过组建的临时项目团队完成项目任务,有利于整合优质资源,提升组织应对创新性任务及多变的事业环境的能力,保障针对客户需求及时交付项目成果(Jung et al.,2006;Van Der Merwe,2002)。随着市场竞争的加剧,越来越多的企业采用组织级项目管理理论构建基于项目的组织模式,寻求战略发展和商业增值(Bartsch et al.,2013;Johns,1999;Jugdev et al.,2002;Thiry et al.,2007)。组织级项目管理通过连接项目管理、项目集管理及项目组合管理与组织驱动因素提升组织级项目管理能力,通过项目绩效实现组织战略的"落地"。

3.2 项目管理成熟度模型

组织实践组织级项目管理的水平被定义为组织项目管理成熟度。项目管理成熟度模型构建了测量与改进组织项目管理成熟度的系统方法,帮助组织评估并改进其项目管理能力及通过项目实现组织战略所必需的能力,使项目管理的应用从单项目上升到组织层面的系统性治理与管理;不局限于单项目的顺利完成,而是帮助组织从战略层面识别管理要素,认清管理水平,并规划改进管理模式。换言之,组织的项目管理成熟度模型聚焦构建并持续改进组织的项目管理制度体系,是提高项目、项目集和项目组合管理效率的保障与前提。

以下对 4 个来自项目管理权威机构的能力成熟度模型(capability maturity model,CMM)进行介绍与系统对比,帮助理解组织级项目管理成熟度模型的管理思想和方法,为组织选择匹配的模型实现组织级项目管理能力的持续改进提供参考。

3.2.1 CMM 模型

1. 模型简介

CMM 模型是后来衍生出的大量项目成熟度模型的起源。1987 年,美国卡内基梅隆大学软件工程研究所(Carnegie Mellon University Software Engineering Institute,CMU/SEI)受美国国防部委托,建立了在软件工程领域的 CMM 模型。CMM 模型结合全面质量管理思想,规定了软件工程管理最基本的管理行为,反映了软件工程具有不断改进的层次化特点。该模型经过世界各地软件组织的实际应用,以指导组织逐步提高软件开发的管理能力,证明了其对软件项目开发过程的改进具有建设性的作用。

CMM 模型引入了"成熟度等级"的框架概念,提出软件过程评估与软件能力评价两种评估成熟度的方法以评估组织的软件能力。CMM 的 1.1 版本于 1993 年正式推出,并在经过大量使用和征求意见的基础上于 1997 年发布了 2.0 版本。

CMM 模型经过几十年的发展和研究产生了数十种应用于其他领域的模型变体。CMU/SEI 制定了一系列为系统工程、软件获取、人力资源实践和集成产品过程开发而制定的模型,如系统工程能力成熟度模型(SE-CMM)、软件采购能力成熟度模型(SA-CMM)、集成产品群组能力成熟度模型(IPT-CMM)和人力资源能力成熟度模型(P-CMM)等。尽管这些专业的 CMM 模型在许多组织中得到了良好的应用,而对于一些大型的软件企业而言,可能需要运用多种模型对跨专业的过程进行集中改进。各个针对专业的 CMM 模型一方面可能包括一些重复的评估与改进环节,另一方面也可能对相同的事务有相互矛盾的说法。因此,整合单个 CMM 模型的需求越来越强烈。

2001 年,CMU/SEI 将软件 CMM(SW-CMM v2.0 draft C)、电子工业联盟过渡标准(EIA/IS 731)、集成产品开发 CMM(IPD-CMM v0.98)合并为能力成熟度集成模型(capability maturity model integration,CMMI)。CMMI 的特点在于其融合了多专业,减少了模型间的重复,并且可扩充,通过多个专业的模型整合实现对整个组织的集成化改进。2018 年 3 月推出的 2.0 版本是 CMMI 的最新版本。

2. 模型构成

CMM/CMMI 模型为组织对软件开发能力进行评估提供了标准,同时为组织能力的持续改进提供了范本。CMMI 的 2.0 版本提出了自上而下包括能力域类(category)、能力域(capability area)、实践域(practice area,PA)和具体实践(practice)的 4 级模型。模型包括 4 个能力域类,11 个能力域,29 个实践域[①],详细的模型内容可通过 CMMI 官网付费获取。CMMI 的 2.0 版本提出了实践域(2.0 以前的版本称为过程域,process area,英文缩写同样为 PA)与具体优秀实践的概念,以助力组织不断优化迭代软件过程,最终产出优质的软件产品。

同时,CMMI 还提出了组织"成熟度等级"的结构,包括阶段式表示法和连续式表示法两种,最高为 5 级,等级越高表示成熟程度越高。

阶段式表示法将组织的成熟程度划分为初始级(initial)、已管理级(managed)、已定义级(defined)、量化管理级(quantitatively managed)和优化管理级(optimizing)5 个等级,这一方法见于 v1.3 以及之前的版本,将 22 个过程域分配到各个等级下的具体要求中(从第 2 级到第 5 级分别规定了 7、11、2、2 多个过程域,达到某个成熟度等级必须满足不低于这一等级的所有过程域要求),从而提供了一种组织阶梯式发展的途径。这种表示法下,不同等级之间的差别非常清晰,便于进行跨组织的比较,也提供了组织成熟度改进优化的最佳次序,但缺乏组织优化的灵活性。

① CMMI Institute.

连续式表示法不再对实践域进行切分,而是对单个过程域/实践域定义了多个能力等级,不同能力等级划分了不同的具体实践。高等级的组织成熟度必须满足不低于这一等级的所有实践。连续式表示法则提供了很强的灵活程度,给出了每个过程域能力的改进途径,允许组织根据业务目的进行过程改进活动的次序,不必遵循单一的阶段式模型。而另一方面,正因为缺乏明确改进次序,就需要专家指导改进,同时也难以进行组织之间的过程能力比较。CMMI 最新的 2.0 版则沿用了这一表述逻辑,并在 v1.3 5 级的基础上添加了第 0 级——不完整级(incomplete)。两种方式的异同如表 3-2 所示。

表 3-2 不同成熟度等级表示法的异同对比

	阶段式表示法	连续式表示法
代表	CMMI v1.3(2010 年)	CMMI v2.0(2018 年)
等级	5 级	5 级基础上添加第 0 级
划分颗粒度	过程域	具体实践
升级路径	单一	多样
组织可比性	可比	不可比
灵活性	低	高

3. 组织评估

组织的 CMMI 成熟度等级的评估必须由经过培训认证并有经验的评估师完成,并且必须遵循统一的标准——CMMI 评估方法。CMMI v2.0 版本下更新了 3 种主要评估方法,分别为等级评估(benchmark appraisals)、持续性评估(sustainment appraisals)和评价性评估(evaluation appraisals)。

等级评估是基于系统随机抽样组织内的参评项目,对整个组织进行成熟度等级评价的方法,要求给出成熟度等级结果,有效期为 3 年。

持续性评估是在全面完整的等级评估基础上进行的缩减过程的更新评估,抽选(一些)实践域进行分析,其评估的全面性弱于等级评估。持续性评估的评估等级不能高于前一次评估等级,有效期为 2 年,并且要求连续的持续性评估不得超过 3 次,即第 4 次时必须要进行新的等级评估。

评价性评估不要求涵盖整个组织范围,可以由组织在其任何范围内使用。因此评定规模最小,需要的评定员也最少,也不需要进行成熟度等级评价,这为具体的商业目标实现提供了灵活性。

CMMI v2.0 版本上述 3 种模式的评估方法之间的差别,以及与 CMMI v1.3 版本的对应关系如表 3-3 所示。

表 3-3　CMMI v2.0 评估方法对比

项　　目	等 级 评 估	持续性评估	评价性评估
评估范围	全组织	全组织	任意维度
证据收集	文件＋访谈	文件＋访谈	文件＋访谈
是否组织评级	是	是	否
评级有效期	3 年	2 年	不评级
对应 1.3 版本	SCAMPIA	无对应	SCAMPI B&C

4. 小结

CMM/CMMI 为规范软件行业,提高产品和服务的开发、维护能力提供了全面的成熟度评估标准,从而成为软件行业最权威的成熟度模型之一,同时对后续各类成熟度模型的开发建立产生了深远的影响,特别是"成熟度等级"的结构也被之后的成熟度模型广泛采用。

3.2.2　P3M3 模型

1. 模型简介

P3M3 模型全称为项目组合、项目集、项目管理成熟度模型(portfolio,programme and project management maturity model),是由英国政府商务部(Office of Government Commerce,OGC)于 2005 年首次提出的组织项目管理成熟度模型,最新版为 2015 年更新的第 3 版。顾名思义,P3M3 模型包含了对组织项目、项目集到项目组合管理的全面成熟度评估。从模型第 2 版开始,3 个子模型相互独立,例如,并不要求达成"项目集管理"成熟度也需要达成同等级的"项目管理"成熟度。

P3M3 模型虽然起源于英国,但却一直在模型普适应用的道路上持续努力。首先,模型并没有依托任何单一的项目管理知识体系。实际上,第 3 版模型参考了包括 PMI 项目管理知识体系(project management body of knowledge,PMBOK)、英国项目管理协会知识体系 APMBOK 等多个知识体系,以使模型可适用更广泛的受众。其次,自从 2008 年模型推出第 2 版以来,广泛运用于美洲、亚洲、非洲和澳洲,并不断更新全球范围的最佳实践库。这些努力使得 P3M3 模型成为行业公认的组织能力评估、改进机会识别以帮助组织改善绩效的工具之一。

2. 模型构成

P3M3 模型的结构由 4 层维度构成,分别为子模型(sub-model)、过程视角(perspective)、主线(thread)与属性(attribute)。

P3M3 包括项目、项目集、项目组合管理 3 个子模型,子模型如图 3-1 所示。每个子模型下的最基本单元为属性,即是组织达到某一等级成熟度应当具备的能力;对等级的描述沿袭了 CMMI 的方式,分为初始级、可重复级、定义级、管理级和优化级。

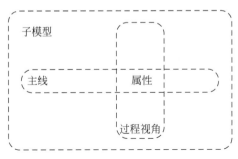

图 3-1 P3M3 子模型结构示意图

子模型中的属性按横向和纵向两个视角划分:横向划分为 7 组的过程视角,过程视角按相近的管理内容分组(类似 PMBOK 的 10 大知识领域),包括组织治理、管理控制、收益管理、风险管理、干系人管理、财务管理和资源管理 7 组;纵向划分为多个主线,主线按相近的能力需求分组的方式,不同子模型和过程视角下的属性划分的主线类型有差异,一般包括资产管理、保障筹备、行为、商业管理、信息和知识管理、设施与工具、模型整合、组织角色与责任、计划、流程、标准、方法技巧等。

3. 组织评估

P3M3 模型推荐了两类组织评估方式,分别为自评和全面评估,后者由外部咨询顾问进行评估,它又分为认证评估和深入诊断两种。不同方法的差异如表 3-4 所示。不难看出,P3M3 模型支持多种途径进行组织评估,取决于被评估组织的规模、评估目的、预计成本等因素。不同评估的核心差异在于各等级/各过程视角的评估颗粒度,更细颗粒度评估需要更高的成本,而结果往往也更可信,并且更有利于辅助组织优化提升。

表 3-4 P3M3 评估方法对比

项 目	自 评	全面评估-认证	全面评估-深入诊断
方法	组织内部利用在线自评工具评估	外部咨询顾问利用全面评估工具评估	外部咨询顾问利用全面评估工具评估
评估颗粒度(各等级/各过程视角下的测量项)	3	10~13	25~50
成本	低	中等	高
可信度	低	高	高
建议优化路径	无	效果有限	有效
结果可比性	不可比	可比	可比

4. 小结

经过多年推广和实践,P3M3 模型在全球各行业的项目型组织中得到广泛应用。P3M3 模型呈现出绝大部分组织项目管理成熟度模型的结构特点,包括:沿用 CMMI 模型的成熟度等级概念,按项目、项目集和项目组合划分子模型;考虑模型要素的过程和能力双重特性等。上述特点也将在接下来介绍的两个模型中同样得以体现。

3.2.3 OPM3 模型

1. 模型简介

OPM3 模型是 PMI 协会于 2003 年推出的"评估组织通过单项目和项目组合来实施自己的战略目标能力的方法",最新版本为 2013 年的第 3 版。PMI 除了推出了面向单项目管理与项目管理专业人员的标准《项目管理知识体系指南》(*A Guide to the Project Management Body of Knowledge*,PMBOK® Guide)之外,还相继推出了《项目集管理标准》《项目组合管理标准》和《组织级项目管理标准》,以连接项目与组织战略。从 1998 年启动 OPM3 计划,全球 35 个国家超过 800 名专家经过 5 年时间的努力,在 2003 年推出了 OPM3 模型。OPM3 模型旨在基于组织的项目管理最佳实践,为组织提供学习和自查的基准,帮助组织开发其能力并最终实现其战略。OPM3 模型定义和综合了大量被广泛认可的项目管理最佳实践,并提供了基于最佳实践的组织成熟度评估方式,组织可以在评估结果的基础上规划发展优化路径。OPM3 模型包含 3 个基本元素:知识(knowledge),即组织项目管理相关最佳实践标准;评估(assessment),即基于最佳实践的组织进行自查、比较和评估的方法;提升(improvement),即提供组织变革和优化的可能途径。

2. 模型构成

OPM3 模型由最佳实践(best practice)、能力(capability)和结果(outcome)3 个基本元素构成。

最佳实践是行业认同的实现目标的最理想路径,也是 OPM3 模型中用以评估、分析、参考的基础。第 3 版的 OPM3 模型共有 501 条最佳实践,包括按管理领域归为的 3 类,即项目、项目集和项目组合管理,以及第 4 类组织使能因素。组织使能因素是从 OPM3 第 2 版起引入的新概念,具体指组织内支持 3 类领域管理最佳实践可以顺利并持续实施的组织架构、文化、技术和人力资源实践等。有关组织使能因素的概念将在 3.3 节详细介绍。在 4 类管理领域下,OPM3 模型参考 PMI 推出的管理标准进一步划分,501 条最佳实践的具体构成如表 3-5 所示。

表 3-5　OPM3(第 3 版)最佳实践构成

领　　域	分 类 参 考	分 类 原 则	流程与最佳实践个数
项目管理	*PMBOK*®	10 个知识领域 5 个过程组	47 个流程,188 个最佳实践
项目集管理	*The Standard for Program Management*	5 个绩效域	36 个流程,144 个最佳实践
项目组合管理	*The Standard for Portfolio Management*	5 个知识领域 3 个过程组	16 个流程,64 个最佳实践
组织使能因素	—	—	18 个流程,105 个最佳实践

3 类管理领域的最佳实践个数均是流程个数的 4 倍,由模型提供的每一流程的 4 级流程优化阶段(process improvement stage)构成,分别为标准化的(standardize)、可测量的(measure)、可控制的(control)、持续改进的(improve),在模型中简称为 SMCI。这一点也符合 CMMI、K-PM3 等其他成熟度模型的分级方式。组织使能因素并没有采取类似的优化阶段描述。

在每一个最佳实践下包括需要的能力和证明该能力存在的结果。"能力"指组织要顺利交付项目所需的人、流程和技术等禀赋条件。在模型中认为当某一项最佳实践下的需求能力都满足时,该项最佳实践就得以实现。模型中的能力有两个特点:第一,能力之间存在依赖关系,新能力的建设以前置能力的满足为条件;第二,能力与最佳实践之间不是一一对应的关系,某项能力可能成为多个最佳实践的前提条件,因此最佳实践之间也存在实现的先后顺序。"结果"是指证明能力存在的有形或无形的成果,包括组织内业已建立的有形制度、流程和模板,以及约定俗成或领导口头宣贯的无形文化、要求等。结果是用以证实能力存在的必要条件,模型中每个能力对应 1 项或 2 项结果。同时关键绩效指标 KPI 是用以定性或定量证明结果是否成立的指标,辅助组织进行评估或自查结果。

这样在 OPM3 模型中,就形成了"最佳实践—能力—结果—关键绩效指标"的逻辑线,将"组织成熟度"的抽象概念一步一步地分解为具体的指标。例如,属于项目管理领域的流程"制定项目章程",在 PMBOK®10 大知识领域中属于项目整合管理,对应过程组为启动过程。这一流程下有 4 组最佳实践,分别对应标准化的、可测量的、可控制的和持续改进的优化阶段。其中,编号为 2630 的持续改进的最佳实践下有 3 个能力必要条件,各对应一组结果/KPI 指标。OPM3 的构成要素与结构关系如图 3-2 所示。

不难看出,OPM3 模型的两个显著特点——明晰相互依赖性;引入结果和 KPI。能力之间的相互依赖性与模型引入结果和 KPI 对组织成熟度优化有很重要的意义。相互依赖性可以为组织实现最佳实践提供明确的路径。而合理路径并不是唯一的,组织可

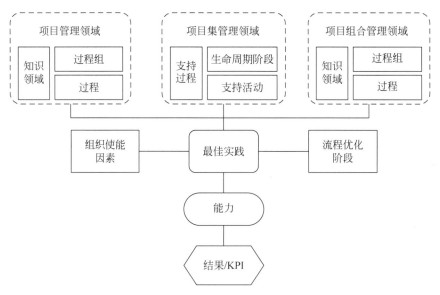

图 3-2　OPM3 模型基本结构

根据当前情况选择最佳路径。引入结果和 KPI 则为组织具备的能力提供了客观证据，无论是为组织自我评估，或是为组织制订路径计划完成某种最佳实践都提供了得力的工具，也因此使得 OPM3 模型可信、实用且稳固有效。

3. 组织评估

OPM3 模型中也明确定义了组织评估和提升的推荐路径，被称为 OPM3 循环（cycle），共包含 5 个步骤。OPM3 循环不仅是单纯的组织评估流程，更强调组织的变革优化，包括是否具备条件以及具体的推动方式。

第 1 步，获取知识、准备评估。这一步是准备环节，包括参与者应当了解 OPM3 模型与价值；了解需要评估组织的基本情况，包括当前的战略、人员、流程与技术水平；了解评估组织的变革准备程度（change readiness），即基于对组织培训、文化和其他禀赋分析组织是否有变革的意愿和条件，这一点也是在第 3 版 OPM3 中提出的，可以看出 PMI 更看重 OPM3 工具推动组织变革的意义，而非单纯的评估指标。

第 2 步，实施评估。即应用模型评估组织的项目管理成熟度，具体指将组织的实际情况与模型中提出的最佳实践相对比。在 OPM3 第 1 版和第 2 版中，又将这一步分为高层次（high-level）评估和全面（comprehensive）评估两个阶段，并介绍了几种实用方法，包括模型自带的通过是非题形式进行自我评估的自测模块（self-assessment module，SAM）及由此衍生的线上工具，以及需要 PMI 认证的专业评估员使用的 OPM3 ProductSuite 评估工具等。而在第 3 版模型中依然保留了这些工具，但没有作为重点进行介绍，而是将更多精力放在了评估流程上，包括如何制订计划、定义评估范围以形成工作说明书（statement of work）、按说明书进行评估以及基于评估结果发起变革等。组织评估诊断成为组织变革的一个重要环节。

第3～5步，优化管理：计划/实施/重复优化。第3～5步均为基于评估结果的优化过程，包括基于评估结果提出优化建议和计划、选择优化路径、管理优化过程、定量分析优化效果并重复整个过程。选择优化路径需要对组织情境有全面认知，明确当前战略重点，并了解内部变革环境，权衡变革带来的收益、实施变革的难度以及成本。OPM3模型的4个流程优化阶段为组织优化提供了可借鉴的方向。当优化方向确定后，组织可以继续通过在项目以及项目集管理中优化管理流程，提升成熟度。

最后，组织处在动态发展过程中。在每一个发展阶段都要面对不同的内外部环境，也要选择不同的优化路径，组织项目管理成熟度的提升应在累进过程中达到最终目标。围绕组织评估的"准备评估—实施评估—基于结果改进"的5步环节也应在组织维度循环迭代，最终实现组织商业价值上的成功。

4. 小结

OPM3是项目管理成熟度模型中等级定义最清晰、最广为人知，并且发展最具有活力的。主要原因在于成熟度模型应是植根于组织单项目、项目集、项目组合管理的综合延伸，模型发展应伴随着3个领域管理标准的与时俱进协同发展。OPM3模型源自PMI，PMI在3个领域都具备完整的知识体系、行业标准与资格认证能力。OPM3模型不断加强与其他标准的逻辑关联，并持续更新（平均5年为更新周期），从而保证了模型的即时性与可靠性。

相比前两种成熟度模型，OPM3应用广泛，适合规模大、组成模式多元的全行业项目型组织。与CMMI模型类似，OPM3也通过建立多层级的模型，并引入行业公认的最佳实践的做法为组织优化提供借鉴。OPM3模型的组织评估方式更为灵活，能减小模型在实操中的使用限制。组织不仅可使用模型附录的自测模块，或依靠协会认证的专业评估人员运用工具评估，也可以自定义合理评价规则，灵活运用模型。第3版OPM3中弱化了评估的方法论描述，强化了如何运用工具改进组织能力的全过程；强调组织级项目管理对组织的战略意义，为拓展模型外延，带来了更广泛充分的应用场景。

3.2.4　IPMA Delta 模型

1. 模型简介

Delta®模型是由IPMA于2009年开发的组织项目管理成熟度评估模型。与OPM3模型相比，Delta模型同样来自权威项目管理协会，但发布时间晚，知名度不如OPM3模型高，但依然具有独到之处，其一改前序模型以流程为导向的逻辑，而以组织能力（organizational competence）作为模型基本逻辑环节。在下文模型构成部分将对Delta模型进行详细介绍。

类似 PMI，IPMA 同样有一系列完整的标准指导组织管理项目，而能力的概念贯穿在 IPMA 的所有标准中。IPMA 期待标准能推动从个体、项目(集)管理、组织到全社会的共同进步，因此对应发布了个体能力基准(the individual competence baseline，IPMA ICB®)、卓越项目基准(the project excellence baseline，IPMA PEB®)、组织能力基准(the organisational competence baseline，IPMA OCB®)以及 IPMA 道德和职业准则(IPMA code of ethical and professional conduct)。Delta 模型建立在 I(个体)、P(项目)、O(组织)3 个模块之上，对应参考 ICB、PEB 和 OCB 3 组准则，以帮助组织全面评估项目管理的成熟程度。IPMA 同样提供基于 Delta 模型的组织认证，并基于结果提供组织优化、提升商业价值建议的服务。

2. 模型构成

如前所述，Delta 模型由 I、P 和 O 共 3 个模块构成。

模块 I 参考 ICB 标准，评估组织内项目经理、项目团队成员以及其他干系方的能力；在组织中抽选受访者，通过自评问卷的方法，从以下 3 个方面展开调查：受访者是否具备能力、组织是否认可受访者的能力并提供发展空间、项目(集)是否认可受访者的能力并提供发展空间。

模块 P 参考 PEB 标准，以评估组织项目(集)管理能力；抽选组织中的项目(集)，通过自评问卷的方法，从以下 3 个方面展开调查：项目是否组织有序以及绩效表现如何、组织是否支持项目(集)成功、项目成员是否致力于项目(集)成功。

模块 O 参考 OCB 标准，评估组织整体项目管理的成熟程度。模块 I 和模块 P 均通过自评问卷完成，通常先于模块 O 评估并且为模块 O 的现场调研提供前期信息的收集和准备。模块 O 通过问卷和访谈结合的方式进行，调研对象通常为组织最高管理层，项目、项目集和项目组合的经理、成员以及其他支持职能部门。

这 3 个模块一起构成了对组织项目管理能力的完整评估体系。组织项目管理能力定义为"组织在具备治理和管理的支撑体系前提下，对项目、项目集及项目组合(project，programme and portfolio，在 OCB 中被简称为 PP&P)管理中整合人力、资源、流程、组织结构和文化的能力。组织管理项目的能力应特别与组织的目标、愿景和战略相契合，旨在实现项目成功，并保障持续的组织发展"。具体包括以下 5 类组织能力，共计 18 个能力要素。

(1) PP&P 治理(PP&P governance)：为组织整体治理中与 PP&P 管理相关的部分，通常由组织最高管理层作为指导委员会，提供战略、政策、纲领、决策、绩效控制以及 PP&P 能力的可持续发展方向。这一能力组(称为 G 组)下有 4 个要素，分别为 G1——PP&P 使命、愿景和战略；G2——PP&P 管理发展；G3——领导力；G4——绩效。

(2) PP&P 管理(PP&P management)：为组织管理体系中与 PP&P 管理相关的部

分,通常由永久组织或临时项目组织中的管理职位成员实施,提供人力、方案、工具、指导、监控以及 PP&P 各能力要素的可持续发展方向。这一能力组(称为 M 组)下有 3 个要素,分别为 M1——项目管理;M2——项目集管理;M3——项目组合管理。

(3) PP&P 协调(PP&P organizational alignment):指为实现最高管理层提出的绩效目标与期望,PP&P 经理在其他职能经理辅助下,将 PP&P 与其他内、外部干系方的流程、组织架构、文化相协调一致的过程。这一能力组(称为 A 组)下有 3 个要素,分别为 A1——过程协调;A2——组织架构协调;A3——文化协调。

(4) PP&P 资源(PP&P resources):指为实现最高领导层提出的资源利用的目标与期望,PP&P 经理在其他职能经理(包括财务、法务、采购和 IT 职能)的辅助下,提供具体资源需求、采购以及资源可持续发展的指导。这一能力组(称为 R 组)下有 4 个要素,分别为 R1——资源需求;R2——资源现状;R3——资源获取;R4——资源发展。

(5) PP&P 人员能力(PP&P people's competence):指为了实现对 PP&P 人员能力、绩效的认可,PP&P 经理在人力资源经理与其他职能经理的支持下,为能力需求、能力现状以及能力可持续发展提供的指导。这一能力组(称为 P 组)下有 4 个要素,分别为 P1——人员能力需求;P2——人员能力现状;P3——人员能力获取;P4——人员能力发展。

将模块与能力对应,模块 I 集中评估的是 PP&P 人员能力(P 组);模块 P 集中评估的是 PP&P 管理(M 组)和协调(A 组);模块 O 则是对 5 个能力组的综合评估。Delta 模型依然沿袭了 CMMI 的成熟度等级概念,评估结果表达为以下 5 个级别之一:初始级(initial)、已定义级(defined)、标准化级(standardised)、已管理级(managed)以及持续优化级(optimising)。

3. 组织评估

首先需要指出的是,在 OCB 框架中,组织项目管理能力是将组织的使命、愿景和战略转化为预期的绩效结果的必备条件(见图 3-3),这一点与 OPM3 模型不谋而合。当组织有明确的整体使命、愿景和战略时,第一步应当将其有效转化为 PP&P 的战略,随后组织相关能力要素(包括流程、架构与人员等)为 PP&P 战略的实现和未来发展提供支撑,最终将实际绩效与预期绩效对比,针对存在的差距迭代组织战略,并通过组织学习优化提升组织能力。

图 3-3 OCB 模型组织能力培养流程

在这样的前提下,组织评估仅是组织能力培养流程的重要一环。组织中应当有永久机构(如 PMO)承担能力培养的责任,以年为周期在年末基于计划项目、项目集、项目组合绩效完成情况分析当前组织能力水平,并及时制订新一年计划。建议组织每 2~5 年通过 IPMA 认证的 Delta 模型评估机构客观评估当前组织能力培养进程,并提供短期、中期和长期的培养措施建议。

4. 小结

Delta 模型与 OPM3 模型有诸多相似之处,因此同样具有协会知识体系完备、模型更新及时、评估方式多样等优点,增强了模型适用性。这里突出介绍两个模型的主要差异。

两个模型体系框架各具特点:OPM3 模型以"流程"作为基本要素,而 Delta 模型以"能力"作为基本要素。前者框架下更容易与具体绩效结果/KPI 相结合,使得模型更易于理解、接受和应用,同时有利于组织建立明确的优化路径;但理论上,模型内容不够全面,容易忽视项目管理流程以外的组织内支撑环节(尤其是使命、愿景、战略制定),并且没有考虑组织外部因素。后者框架则在理论上全面具体,"能力"的概念更容易包括项目成功的所有必备要素;但无疑也增大了模型的理解难度,尤其是能力和实际项目 KPI 之间的关联相对模糊,使得模型评估结果提出的能力培养建议对针对性绩效提升的启发有限。事实上,两个协会也在不断更新的过程中逐步处理模型缺陷,如 PMI 在 OPM3 模型中添加了"组织使能因素",IPMA 的 OCB 中花篇幅介绍了组织"能力培养计划"(competence development programme)的推荐流程等。

当然,两个模型无绝对优劣之分,只有根据使用组织的特点或阅读者身份(如组织高层管理者、经理、项目成员、理论研究者)而更适合参考的差别。殊途同归的是,两个协会都认为组织评估作为组织优化(无论是 OPM3 模型中的"组织变革"或 Delta 模型中的"组织能力培养")的核心环节是以最终实现项目成功为目标。

3.2.5　4 种成熟度模型对比

前文介绍了 4 种组织项目管理成熟度模型,在此进行对比分析,如表 3-6 所示。根据表 3-6 可以总结出这 4 种模型具有 3 个共同点。

1. 源自权威机构,并持续更新

CMMI、P3M3、OPM3 以及 Delta 4 种模型均来自权威项目管理机构,并均从首次发布至今经过多次更新。同时,由于权威机构往往具有完备的知识体系、专业培训和个人/组织认证的能力,这些模型的内涵,即知识体系在不断更新,以及其外延,即从个体到组织评估认证体系都在不断扩展。

表 3-6　几种成熟度模型对比

模型名称	CMMI	P3M3	OPM3	Delta
发布者	SEI	OGC	PMI	IPMA
首次发布时间	2001 年	2005 年	2003 年	2009 年
最近更新	2018 年(v2.0)	2015 年(第 3 版)	2013 年(第 3 版)	2016 年(OCB v1.1)
适用范围	软件开发	项目管理	项目管理	项目管理
参考标准	多个 CMM	多个体系标准	PMI 各标准	IPMA 各标准
评价方式	第三方认证	自评＋第三方认证	自评＋第三方认证	自评＋第三方认证
单项目管理	有	有	有	有
项目集管理	有	有	有	有
项目组合管理	无	有	有	有
组织支持环境	无	无	有	有
改进建议	有	有	有	有
持续优化流程	有	无	有	有
成熟度等级	连续式	离散式	连续式	连续式
指标要素	能力域类、能力域、实践域、具体实践	过程视角、主线、属性	最佳实践、能力、结果、组织使能因素	能力组、能力要素

2. 包括 PP&P 和组织支持环境的基本框架

在内容上,这 4 种模型已基本形成涵盖项目、项目集和项目组合(PP&P)和组织支持环境的框架结构。尤其是 OPM3 模型和 Delta 模型最能体现,这两个模型普遍认同组织项目管理成熟度是连接项目型组织愿景、战略和组织绩效的桥梁,因此两方面内容都不可少。然而在呈现方式上,OPM3 模型以流程为导向,并在 PP&P 流程的基础上补充了“组织使能因素”的概念;而 Delta 模型以能力为导向,覆盖促使项目成功的所有能力需求,而将 PP&P 管理并列为单项能力。

3. 连续式成熟度等级与持续优化

成熟度等级的概念源自 CMM 模型,并一直沿用在各个成熟度模型中,而在各类持续更新的模型中,除了 P3M3 模型还使用离散式的表示方法外,其他模型都调整为连续式。连续式的等级更易于为组织提供持续优化改进路径的参考,也保留了模型框架的完整清晰性。持续优化的概念随着各模型的更新逐渐被强调,将组织评估作为组织变革和优化的核心环节才能使成熟度模型发挥更大的作用。

CMMI 是典型的基于流程的成熟度模型,这类模型将组织概化为承载着特定输入—输出的单元,强调严格遵循标准化的项目管理流程。但实践中,由于项目条件独特且类型繁多,往往难以找到普遍适用的、固定的管理流程。此外,OPM 流程的高效运转离不开组织内部环境因素的支持，基于流程的 OPM 成熟度模型缺乏对此的考虑，无法从根本上解释组织竞争优势的来源和不同企业间的差异。以 OPM3 为代表的另一类模型在流程成熟度的基础上补充了对项目管理起支撑作用的组织内部环境因素，如组织文化、组织制度等。此类模型中项目、项目集和项目组合管理流程成熟度评价部分来源于项目管理知识体系，因而具有广泛的共识。

本节系统介绍了 4 种组织项目管理成熟度模型的特点，并对比了不同模型的共性和差异，以辅助模型使用者根据组织情况有针对性地选择和使用模型。更重要的是，希望读者理解模型内涵，熟悉模型用途，掌握能力提升途径，真正让模型结果为组织能力培养和优化提供重要借鉴。

3.3　组织使能因素体系

项目管理成熟度的区别关键基于对组织内部支持各层级项目管理活动的环境因素，即对组织使能因素的分析结果。在组织理论中组织使能因素的概念相对宽泛，用于指代促进某一组织现象发生的组织环境因素，而项目管理研究所关注的组织使能因素特指对组织的项目、项目集和项目组合管理具有驱动作用的组织内部环境因素。

组织级项目管理强调通过组织使能因素驱动项目、项目集和项目组合管理，实现组织战略目标和商业价值提升，组织使能因素日渐成为研究的热点课题。本节系统介绍基于 OPM3 的组织使能因素指标体系，基于此发展出适用于中国企业的三层次使能因素清单并阐释其具体内涵，最后介绍识别企业关键使能因素的系统方法，为企业在实践中持续提升其项目管理能力提供有效工具。

3.3.1　基于OPM3的组织使能因素最佳实践

组织使能因素驱动组织级项目管理，是促进组织形成竞争优势，实现商业增值的内在基础，日益被项目管理应用界和研究界所关注。健壮的组织使能因素能够促进组织经验积累（Bartsch et al.，2013；Kale et al.，2011；Müller et al.，2014）。项目的一次性和独特性及项目成员的流动性均增加了项目经验积累的难度，各项目间的资源竞争关系易形成的"利己"项目文化也阻碍了经验的积累和共享。因此，需要项目经验积累机制、共享的组织文化等组织使能因素保证组织经验的延续。同时，健壮的组织使能因素构成了组织的战略竞争优势。管理流程对组织效率具有重要影响，而流程对组织环境因素的适应性比流程本身的成熟度更加有助于实现组织的战略目标。组织的核心竞争力不仅仅在于流程体系的成熟度，还在于竞争对手难以模仿和复制的组织使能因素

（Conner，1991；Wernerfelt，1984；Yazici，2009）。组织不仅要从战略发展的视角识别流程体系改进要点的基础，还需要使组织成员适应流程的剧变带来的组织文化变革（Ranganathan et al.，2001）。因此，流程体系和使能因素均需要精细化和结构化的管理（Jugdev et al.，2002；Müller et al.，2014）。

作为国际上最具影响力的项目管理成熟度模型之一，OPM3 最突出的贡献即指明了管理流程最佳实践需要组织使能因素的支持。OPM3 标准采取了经验归纳的方法，汇集一线从业人员的观点，从最佳实践的角度给出了组织使能因素的描述式定义，认为组织使能因素是支持其他最佳实践的组织结构、文化、技术和人力资源的最佳实践，对提升组织的可持续发展能力至关重要。第 3 版标准将组织使能因素分为 18 类，涵盖105 项最佳实践（PMI，2013）。根据各使能因素内涵及作用层面可以将 18 类使能因素进一步划分为 4 大类。

（1）战略管理体系：关注组织战略愿景和体系架构，涵盖组织项目管理策略与愿景（organizational project management policy and vision）、战略一致性（strategic alignment）、管理体系（management system）、治理（government）和组织架构（organizational structure）5 类使能因素；

（2）战术方法实践：聚焦组织级项目管理方法实践和知识管理，包括组织级项目管理实践（organizational project management practice）、组织项目管理方法论（organizational project management methodology）、组织级项目管理技术（organizational project management techniques）以及知识管理与项目管理信息系统（knowledge management and PMIS）4 类使能因素；

（3）组织绩效衡量：提供组织级项目管理绩效的度量标准和标杆对照，包括项目管理标准（project management metrics）、项目成功标准（project success criteria）和标杆对照（benchmarking）3 类使能因素；

（4）资源能力建设：关注组织能力培养和资源分配，包括项目发起人支持（sponsorship）、胜任资格管理（competency management）、个体绩效评估（individual performance appraisals）、项目管理培训（project management training）、组织项目管理社团（organizational project management communities）和资源分配（resource allocation）等 6 类使能因素。

表 3-7～表 3-10 分别摘录了以上各大类所包含的组织使能因素细分类别、各使能因素对应的最佳实践内涵及适用的管理层次（项目、项目集或项目组合），为进一步深入了解 OE、促进组织级项目管理能力的提升提供参考。

表 3-7　I 类组织使能因素：战略管理体系

组织使能因素	最 佳 实 践	项目层次	项目集层次	项目组合层次
组织项目管理策略与愿景	制定组织级项目管理策略	√	√	√
	组织培训高管(使其了解组织级项目管理的益处)	√	√	√
	认可项目管理的价值	√	√	√
	明确组织级项目管理的愿景和价值	√	√	√
	为共同目标互相协作	√		
	创建组织级成熟度发展规划			√
	组织级项目管理领导力培养规划	√	√	√
	对干系人的组织级项目管理培训	√	√	√
	培养文化多样性	√	√	√
	创建风险意识文化	√	√	√
战略一致性	组织业务变革管理规划			√
	通过组织级项目管理实现战略目标和目的	√	√	√
	分析价值绩效	√	√	√
	评估利益实现情况	√	√	√
	建立企业风险管理方法论	√	√	√
	建立战略一致性框架	√	√	√
	报告组织级项目管理绩效(到战略层面)	√	√	√
	报告项目、项目集战略绩效	√	√	√
	使用正式的绩效评估	√	√	√
	项目集战略一致性		√	
管理体系	建立通用的项目管理框架	√	√	√
	认证质量管理体系			√
治理	建立整个组织的治理策略	√	√	√
	建立面向全部项目、项目集和项目组合治理的治理委员会	√	√	√
	计划和建立项目集治理结构		√	
	提供项目集治理监督		√	
组织架构	建立组织级项目管理架构	√	√	√
	采用组织级项目管理架构	√	√	√
	使组织级项目管理架构制度化	√	√	√
	提供组织级项目管理支持办公室		√	√

表 3-8　II 类组织使能因素：战术方法实践

组织使能因素	最 佳 实 践	项目层次	项目集层次	项目组合层次
组织级项目管理实践	了解相关项目的计划	√		
	标准化的项目定位过程	√		

组织使能因素	最 佳 实 践	项目层次	项目集层次	项目组合层次
组织级项目管理技术	始终运用项目管理技术	√		
	鼓励承担风险	√		
	使用共同的项目管理语言			√
	建立跨组织标准化估算模板	√	√	
	使用合理的数学方法优先级排序	√	√	√
	使用优化程序选择项目组合			√
	管理项目集资源		√	
	管理项目集问题		√	
	管理组件接口		√	
	规划项目集干系人管理		√	
	识别项目集干系人		√	
	项目集干系人参与		√	
	管理项目集干系人期望		√	
	审计计划		√	
组织项目管理方法论	灵活地裁剪项目管理过程	√	√	√
	定制项目管理方法论	√		
	整合项目管理方法论与组织过程	√	√	√
	适应组织已批准的框架和治理结构	√	√	√
	开发项目管理模板	√	√	√
	建立项目管理模板裁剪指南	√		
知识管理与项目管理信息系统	收集和分享经验教训	√	√	√
	项目管理信息系统	√	√	√
	知识资本的再利用			√
	分析归档项目管理案例	√		
	鼓励遵守项目管理道德规范	√		
	建立执行摘要指示板	√	√	√
	建立组织级项目管理报告标准	√	√	√

表 3-9　III 类组织使能因素：组织绩效度量

组织使能因素	最 佳 实 践	项目层次	项目集层次	项目组合层次
项目管理标准	定义组织级项目管理成功度量指标			√
	收集组织级项目管理成功度量指标	√	√	√
	使用组织级项目管理成功度量指标	√	√	√
	验证组织级项目管理成功度量指标的精确度	√	√	√
	分析和改进组织级项目管理成功度量指标	√	√	√
	定义关键领先指标	√		
项目成功标准	将战略目标包含到项目目标中	√		
标杆对照	以行业标为标杆对照组织级项目管理绩效	√	√	√
	设定项目管理办公室(PMO)最佳实践和结果的基准数据	√	√	√
	整合绩效基准到平衡计分卡系统	√	√	√

表 3-10　IV 类组织使能因素：资源能力建设

组织使能因素	最 佳 实 践	项目层次	项目集层次	项目组合层次
项目发起人支持	建立与项目发起人的牢固关系	√	√	√
	建立高管对项目的支持	√	√	√
	选择有胜任资格的项目发起人	√		
胜任资格管理	为组织级项目管理提供具备胜任资格的人力资源	√	√	√
	管理项目的整体观点	√	√	√
	管理环境	√	√	√
	组织管理的自我发展	√	√	
	在启动项目时明确胜任资格	√		
	在规划项目时明确胜任资格	√		
	在执行项目时明确胜任资格	√		
	在监控项目时明确胜任资格	√		
	在结束项目时明确胜任资格	√		
	明确沟通胜任资格	√	√	√
	明确领导胜任资格	√		
	明确管理胜任资格	√		
	明确认知胜任资格	√		
	明确有效性胜任资格	√		
	明确专业化胜任资格	√		
	促进项目经理发展	√	√	√
	建立项目经理胜任资格过程	√		
	为所有组织级项目管理角色建立职业路径	√	√	√
	为项目经理提供指导	√		
个体绩效评估	使用正式的个人绩效评估			√
项目管理培训	提供项目管理培训	√	√	√
	提供持续的培训	√	√	√
	建立培训和发展规划	√	√	√
	项目管理案例分析包含在指导计划中	√		
	项目管理培训映射到职业发展路径	√		
组织项目管理社团	建立内部项目管理社团	√	√	√
	与外部项目管理社团沟通联络	√	√	√
	建立项目交付技巧和技术特别兴趣小组	√	√	√
资源分配	记录项目资源分配	√	√	√
	提供胜任组织级项目管理的人力资源	√	√	√
	建立资源分配和优化过程	√	√	√
	建立稀缺资源分配标准			√
	项目间共享专家资源			

3.3.2 中国企业组织使能因素识别

不同国家和地区的政治、经济和文化环境塑造了不同的组织属性特征,也相应造就了驱动组织战略发展的不同使能因素。对中国情境下使能因素内涵的研究,有助于实践中对使能因素的有效管理,是构建适用于中国的组织级项目管理最佳实践的基础。

温祺(2019)以 OPM3 中的组织使能因素清单为基础,采用资源视角理论(resource-based view)的价值-稀缺-不可模仿-组织(valuable-rare-imitable-organization,VRIO)分析框架,筛选出了其中符合 VRIO 特性标准的因素。同时,补充了学术研究中的组织使能因素共同构成组织使能因素的测量指标体系(Müller et al.,2014),并按项目、项目集和项目组合层次对使能因素进行了初步分类。通过与项目管理领域专家学者的讨论,梳理各因素的层级及类别归属,并与 OPM3 因素清单及文献中因素体系对比确认新因素体系的完备性与概括性,经过多次迭代,以期尽可能全面地反映行业标准和学术研究中的观点。最终形成了 3 个层次、10 个类别、44 项中国企业情境下的组织使能因素体系,因素的层次及类别如表 3-11 所示。以下对各层次使能因素内涵分别进行介绍。

表 3-11 各层次因素的类别及其管理理念

管 理 层 次	管 理 理 念	类 别
项目	多变事业环境中的规范执行	项目执行规范; 项目型导向; 明确的责权体系; 组织结构完善
项目集	规范组织环境中的灵敏反应	项目集组织保障; 多项目整合机制; 项目间灵活协调
项目组合	灵动组织文化中的资产积淀	成员组织认同感; 知识资源积累; 成员自我组织

1. 单项目管理的组织使能因素

单项目管理面对因项目而异、复杂多变的事业环境,作为组织实现战略目标的基本执行单元,需要树立标准的执行规范,充分借鉴组织过程资产;基于项目组织生产管理活动,有效地整合组织资源;明确团队成员的责权分配,提升执行流程的效率;借助成熟的组织结构,实现高效的管理。

单项目管理 4 个类别对应的 16 个组织使能因素见表 3-12。

表 3-12 项目管理的组织使能因素

因 素 类 别	使 能 因 素
项目执行规范	项目文件规范； 项目技术指南与规范； 项目过程数据库； 项目变更控制规范
项目型导向	基于项目的职业发展路径； 项目经理拥有充足的组织资源支配权； 高层管理者组建的项目管理指导委员会； 项目发起人提供指导和支持
明确的责权体系	项目经理拥有足够的授权； 项目和职能经理责权划分清晰有效； 各层级成员责权明确
组织结构完善	组织中不同业务线条有效协作配合； 组织中不同业务线条成员共享技术资源； 项目能够获得职能部门足够的支持； 项目和职能部门相得益彰，没有频繁冲突； 项目成员有效地同时向项目经理和职能经理汇报

(1) 项目执行规范包括项目文件规范、项目技术指南与规范、项目过程数据库和项目变更控制规范 4 个方面，对项目执行过程具有指导和借鉴作用的规范体系有助于组织项目管理流程效率的提升。中国工程建设行业存在大量的行业工程技术规范和标准，但项目管理方面的规范在很多企业中则十分欠缺(Zhang et al.，2015)。这使得项目的业务流程冗余而效率低下，管理活动过分侧重结果导向而忽视过程监控，从而阻碍了项目成功。中国的项目管理人员需要重点管理这些因素，将这些阻力变为推动项目成功的动力。

(2) 组织的项目型导向测量了企业基于项目组织生产活动、进行企业管理的程度，包括制定基于项目的职业发展路径、项目经理拥有充足的组织资源支配权、高层管理者组建的项目管理指导委员会、项目发起人提供指导和支持。中国企业的项目化变革增进了跨职能业务线的横向协作，有助于项目经理集成内部组织资源实现项目目标(Yu et al.，2018)。但过度的项目型组织导向可能导致企业过分关注实现短期的项目目标而忽略技术水平的进步和组织知识的积累(Müller et al.，2018)。同时，实现项目型导向转变的方式不尽相同，需结合组织的内外部事业环境不断积累，结合中国管理文化和企业特点不断探索(Zhang et al.，2015)。

(3) 明确的责权体系测量了企业内部各方责权分配关系的清晰程度，包括项目经理拥有与责任匹配的授权、项目和职能经理责权划分清晰有效、各层级成员责权明确。明确的责权体系以组织制度的形式使项目任务责任到人，保证了管理流程的顺利实施。但这并不意味着固化甚至僵化的责权分配制度，针对不同项目条件，项目参与者的责权分配应该具有相当的灵活性，以实现优势互补和资源优化配置，这一点体现了使能因素体系中保持治理结构灵活性的理念(Müller et al.，2014)。

(4) 完善的组织结构指建设企业根据自身项目业务特点设计合理的组织结构以实现不同业务线条有效协作配合、不同业务线条成员共享技术资源、项目能够获得职能部门足够的支持、项目和职能部门相得益彰、项目成员有效地同时向项目经理和职能经理汇报。在矩阵型组织中，成员面临巨大的挑战，需要适应接受多头领导、向多方汇报的环境，能真正适应转变，形成成熟结构的组织，才能实现高效的项目管理，增加自身的竞争优势(Müller et al.，2014)。

2. 项目集管理的组织使能因素

项目集管理的关键在于项目之间的逻辑关系管理，协调各项目之间的战略目标和资源冲突，产生增值效应，实现分别单项目管理无法实现的战略利益(Vuorinen et al.，2018)。项目集管理的组织使能因素体现了在规范的组织环境中灵敏应对变更、高效协同的管理理念。一方面，项目集管理需要完成整合各个单项目，通过规范的管理机制建立统一的项目管理标准和信息共享渠道，避免单项目各自为政的"自私"环境；另一方面，项目集管理汇集了来自各单项目的变更请求，需要以灵活的执行结构针对不同的项目情境灵敏反应，以项目集目标为导向优化项目间的资源调度配置。

项目集管理 3 个类别对应的 13 个组织使能因素见表 3-13。

表 3-13　项目集管理的组织使能因素

因素类别	使能因素
项目集组织保障	专门设立的项目管理办公室机构； 定期的跨项目交流会议； 高层管理者组建的项目集管理指导委员会
多项目整合机制	跨项目的统一资源调度机制； 跨项目的统一管理信息系统； 跨项目的统一文档记录模板； 规范的项目集统一绩效考评； 规范的项目集执行计划制订方法； 基于项目集目标的项目绩效考评制度
项目间灵活协调	项目经理参与项目集决策，并提供反馈信息； 项目集目标为导向的项目间资源优化调度； 灵活的项目间知识共享机制； 针对不同的项目情境形成灵活的管理方式

(1) 项目集组织保障指针对项目集管理需要建立对应的协调机构，包括专门设立的项目管理办公室机构、定期的跨项目交流会议和高层管理者组建的项目集管理指导委员会。项目集管理同时协调多个项目之间的资源共享和目标协同，建立项目集管理的组织保障有助于实现对各项目的跟踪和监控，驱动项目集管理实践(Jia et al.，2011)。

（2）多项目整合机制包括跨项目的统一资源调度机制、跨项目的统一管理信息系统、跨项目的统一文档记录模板、规范的项目集统一绩效考评、规范的项目集执行计划制订方法、基于项目集目标的项目绩效考评制度，反映了企业整合多个项目促进项目集协同的制度机制。借助这种项目集协同机制实现各项目可考核、可对比，便于锁定管理重点（Vuorinen et al.，2018）。中国的大型建设项目集规模庞大且管理界面众多，往往缺乏可供借鉴的类似经验，需要组织中规范的管理机制凝聚组织内部的合力，对项目集管理实践形成支持（Jia et al.，2011）。

（3）项目间灵活协调包括项目经理参与项目集决策并提供反馈信息、项目集目标为导向的项目间资源优化调度、灵活的项目间知识共享机制、针对不同的项目情境形成灵活的管理方式，体现了组织在项目集组织结构保障和整合机制制度保障的基础上及时沟通协调，提供有效反馈，保证组织对不确定因素的灵敏反应（Too et al.，2014）。大量已有研究发现中国的管理者在这一方面具有内在的优势，组织内部的沟通网络十分发达（Ling et al.，2012），成员在沟通网络中的位置特征也从很大程度上决定了其在组织中的能力和价值（Hossain et al.，2009）。因此，充分利用中国管理者在这方面的优势、增进项目间的共享和协作将有利于实现灵活的执行结构。

3. 项目组合管理的组织使能因素

项目组合管理强调对组织战略的实施，管理各项目、项目集的优先级决策，需要优质组织文化和组织知识资产积淀的支持。共享的组织文化能使组织成员对组织的目标、战略以及所采用的项目管理方法产生认同感，激发成员的组织归属感，从而促进组织成员间自发的资源共享和相互信任，产生巨大的团队凝聚力；成员的自我组织能使每一位成员的能力都有效地对组织能力做出贡献，在组织中承担责任及风险，形成密切协作的网络和组织导向的大局观，为组织的知识资产添砖加瓦。

项目组合管理 3 个类别对应的 15 个组织使能因素见表 3-14。

（1）成员组织认同感指成员对组织的标识和品牌战略、工作伦理观念、组织愿景和目标、战略和价值观、所采用的项目管理方法形成认同、共识和归属感。项目组合管理与组织战略紧密结合，涉及在不同项目间的取舍和在不同组织目标间的权衡（Kopmann et al.，2017）。在组织内部营造广泛的组织认同感有助于组织成员形成共同的目标和凝聚的组织氛围，作为项目组合战略管理实践的支撑（Ekrot et al.，2016）。

（2）知识资源积累包含组织的项目数据资料积累和管理制度、组织经验总结机制、成员间的知识共享、共同学习的组织文化对组织知识的积累、提炼和共享传播。Kogut 和 Zander（1992）和 Foss（1996）将资源基础理论进一步发展为知识视角（knowledge-based view）的组织能力理论，指出现代企业不是简单的基于合同关系的商业团体，而是由拥有独特知识能力的成员所构成的协作网络。组织的核心能力在于通过组织学习，

表 3-14　项目组合管理的组织使能因素

因 素 类 别	使 能 因 素
成员组织认同感	形成独特的组织标识和品牌战略； 成员形成工作伦理观念的共识； 成员形成共同的愿景和目标； 成员认同组织的战略目标和价值观； 成员认可组织采用的项目管理方法
知识资源积累	项目数据资料积累和管理制度； 组织经验总结机制； 成员间的知识共享； 共同学习的组织文化
成员自我组织	成员自愿承担责任和相应的风险； 成员自发形成互助的工作团队； 成员形成自我激励和积极的工作态度； 成员形成以组织目标为导向的大局观； 成员对领导力、层级和职权有清晰的认识； 成员形成跨部门或跨项目的协作网络

有效地共享和积累知识资源，形成战略优势。通过知识积累构建学习型组织，有助于从项目、项目集和项目组合管理各流程环节的执行中汲取经验，同时反过来驱动流程执行效率的提升。Wong 等（2012）针对中国工程建设项目的研究尤其强调了企业知识积累的重要性，分析了企业知识积累实践的欠缺及组织学习对组织绩效的影响。（3）成员自我组织包括组织成员自愿承担责任和相应的风险，成员自发形成互助的工作团队，成员形成自我激励和积极的工作态度，成员形成以组织目标为导向的大局观，成员对领导力、层级和职权有清晰的认识，成员形成跨部门或跨项目的协作网络 6 个方面，反映了组织成员在组织流程、制度框架之外以企业价值最大化为目标的自发协作。成员的自我组织和周密的业务流程体系是互补的两个方面，在不同组织中并不存在普适的最优流程成熟度，而需要根据企业成员的自我组织程度对应地构建流程体系（Grant et al.，2006）。组织需要针对自身的组织文化特点、成员的自我组织能力，选择性地学习和吸收先进管理经验和模式。直接移植先进的业务流程体系只能带来短期的效率优化，构建适用的制度体系和与之匹配的成员自我组织机制才能赢得长远竞争优势。

项目、项目集和项目组合使能因素测量指标共同构成了组织使能因素的测量模型体系，随着项目管理活动走向项目、项目集和项目组合管理层级，越来越要求组织更多地强调因项目施策、人本导向和战略导向，积累专属于组织、不可模仿的资源基础，而这些组织资源的积累是循序渐进的（Jugdev et al.，2002，2007）。因此，3 个层次的组织使能因素存在着梯级递进发展的规律,只有在健壮的低层级使能因素的基础上才能实现高层级使能因素的提升。

3.3.3 基于重要性-绩效分析(IPA)的关键使能因素识别模型

组织使能因素需要系统的、结构化的识别、评估和管理。大量研究列举了包括很多组织使能因素在内的有待进一步改进的管理实践并提出了对各项目管理实践进行改进的方法(Besner et al.,2012;Fernandes et al.,2015),但与此同时并没有给出管理的重点,得出的庞大改进措施清单仍是不可管理、不可实施的(Fernandes et al.,2014)。因此,考虑组织资源的有限性,确定各项改进措施的优先级,提高资源利用效率十分必要(Wibowo et al.,2014)。已有的分析工具往往仅基于各管理实践的重要性,缺乏对管理现状的考虑(Eom et al.,2008;Yu et al.,2011)。针对现有分析工具的不足,笔者课题组基于重要性-绩效分析(importance-performance analysis,IPA)构建了关键使能因素识别模型方法:结合各项使能因素的相对重要性及组织对该因素的管理现状识别组织使能管理的改进空间,从而确定改进各因素的顺序,为组织管理者的决策提供支持,促进组织对使能因素的持续改进。以下对该方法进行具体介绍。

1. 改进的 IPA 方法

传统的 IPA 方法提供了识别待改进要素的简单工具。首先,按照相对重要性及管理现状将各因素点绘于如图 3-4 所示的二维坐标内,并根据各点所处的象限制定相应的管理策略。位于 NE 象限的因素具有较高的相对重要性和较良好的管理现状,是组织的优势所在,应采取管理措施保持现状;位于 NW 象限的因素具有较高的相对重要性,但其管理现状较差,是组织的关键劣势,需要聚焦这些因素,立即采取措施改进;位于 SW 象限的因素管理现状同样较差,但其相对重要性较低,相应的改进措施优先级较低;位于 SE 象限的因素相对重要性较低而管理现状良好,可以认为组织在这些因素的管理上投入了过剩的资源,可以将相应的资源重新分配给 NW 象限的因素。由此,针对各因素的改进策略可以直观地反映在图 3-4 中。

传统的 IPA 方法操作简单,但仍存在一些缺陷,包括:①根据象限确定策略具有一定的随意性;②同一象限内部各因素的优先级无法比较;③各因素的重要性指标由专家打分确定,得分容易集中于某一区间而缺乏区分度(Abalo et al.,2007)。

针对以上问题,笔者课题组做出了相应的改进:①采用优先级指数给出各因素的优先级,管理策略不完全依赖于象限划分(Sayeras et al.,2016);②采用非参数 Spearman 相关系数反映重要性和管理现状之间的正相关关系(Crompton et al.,1985);③采用直接打分方法确定各因素的相对重要性,同时采用 Abalo 等(2007)建议

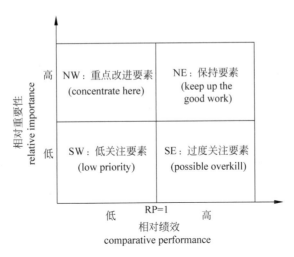

图 3-4　重要性-绩效坐标分析

的方法进行修正,增加因素得分的区分度。与此同时,采用非参数 DEA-Sam 方法识别管理效率低下的因素,与 IPA 方法相互验证。基于改进的 IPA 方法,笔者课题组建立了关键使能因素识别框架模型(见图 3-5):根据组织使能因素的相对重要性和管理现状数据分 4 步识别有待改进的因素和确定因素改进的优先顺序。

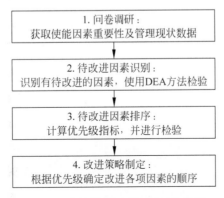

图 3-5　关键使能因素识别框架模型

2. 问卷调研与待改进因素识别

通过问卷调研获取使能因素重要性及管理现状数据,基于样本计算使能因素 i 的平均重要性 I_i 和各企业对 i 的平均管理现状 P_i 反映行业平均情况。采用 Abalo 等 (2007)建议的方法计算使能因素 i 的相对重要性指标 RI_i:

$$RI_i = \frac{I_i - \min_{j=1\sim n}(I_j)}{\max_{j=1\sim n}(I_j) - \min_{j=1\sim n}(I_j)} \quad (i=1,2,\cdots,n) \tag{3-1}$$

采用 Kale 等(2011)建议的方法,计算待分析企业 k 对使能因素 i 的管理现状 RP_{ki},反映待分析企业与竞争对手之间的对比情况:

$$RP_{ki} = \frac{P_{ki}}{P_i} \quad (k=1,2,\cdots,m;\ i=1,2,\cdots,n) \tag{3-2}$$

以待分析企业 k 对因素 i 的相对管理现状 RP_{ki} 为横坐标,因素 i 的相对重要性为纵坐标,点绘 IPA 图(图 3-4)。按照所有使能因素的平均重要性和 RP=1 划分 IPA 图,形成对应于 4 项管理策略的 4 个象限。其中部分因素的优先顺序可能难以确定,将在后面使用优先级指标确定。如前所述,相对重要性指标由修正后的专家打分确定,具有一定的主观性,采用 DEA-Sam 方法计算企业对各因素的管理效率,据此对各因素排序,对比检验以上 IPA 分析所识别的有待改进的因素。

DEA 方法是一种评估决策单元的相对效率、识别效率低下原因的非参数方法。传统 DEA 方法基于大量决策单元的各项投入产出数据计算生产前沿面,给出各单元效率的评价。Lovell 等(1999)将 DEA 方法拓展到只有输出的决策单元评价,马占新等(2009)进一步给出了求解 DEA-Sam 模型的线性规划问题(LP_k):

$$(LP_k)\begin{cases} \max(\theta_k) \\ \text{s. t.} \sum_{j=1}^{m} y_{ji}\lambda_j \geqslant \theta_k y_{ki} \quad (i=1,2,\cdots,n) \\ \sum_{j}^{n} \lambda_j = 1 \\ \lambda_j \geqslant 0, \theta_k \geqslant 0 \end{cases} \tag{3-3}$$

通过收集业界专家对其所在组织使能管理现状的评价,将各企业(m 个)作为决策单元,将其对使能因素(n 个)的管理现状作为产出,企业 j 对使能因素 i 的管理现状表示为 y_{ji}。上述线性规划问题 LP_k 的最优解 θ_k^* 即为企业 k 使能管理的总体效率,其含义为:基于现有样本数据,通过线性组合构造出各项使能因素管理现状均大于或等于企业 k 达到 θ_k^* 倍以上的企业。因此,可以用比值 η_{ki} 反映企业 k 对使能因素 i 的管理效率,而不必单独分析各因素的相对重要性。即

$$\eta_{ki} = \frac{\theta_k y_{ki}}{\sum_{j=1}^{m} y_{ji}\lambda_j} \quad (i=1,2,\cdots,n;\ k=1,2,\cdots,m) \tag{3-4}$$

事实上,各因素的相对权重已经由 LP_k 问题的对偶问题基于效率前沿面给出,由此可以对比 DEA 和 IPA 的分析结果,形成对照检验。

3. 待改进因素排序与改进策略制定

越重要的因素应该得到越高水平的管理,部分因素对这一整体趋势的偏离体现了对该因素采取改进措施的迫切性(Slack,1994),采用 Spearman 系数的变化量反映偏离程度(Crompton et al.,1985)。首先,根据式(3-1)和式(3-2)中的 RI_j 和 $RP_{kj}(j=1,2,\cdots,n)$,计算所有因素重要性和管理现状的 Spearman 相关系数 S_0。再计算除去某一因素 i 后

的相关系数 S_i，Spearman 系数的变化量 $\%\Delta S_i=(S_i-S_0)/S_0$ 反映了因素 i 对整体趋势的偏离：若因素 i 偏离整体趋势，则除去因素 i 后的相关系数 S_i 应上升，$\%\Delta S_i$ 为正；若因素 i 符合整体趋势，S_i 应下降，$\%\Delta S_i$ 为负。因此，$\%\Delta S_i$ 反映了改进因素 i 的迫切性，可以由此给出各因素的优先级顺序。此外，由于 Spearman 相关系数的计算较复杂，而当所分析使能因素个数较少时，Spearman 系数值不稳定，Yu 等(2011)建议采用下式中的优先级指标给出优先级排序。实践中可采用 PRI_{ki} 和 ΔS_i 两项指标对比检验。

$$\text{PRI}_{ki}=(I_i-P_{ki})\frac{I_i}{P_{ki}} \quad (k=1,2,\cdots,m;\ i=1,2,\cdots,n) \tag{3-5}$$

排定各因素的优先顺序后，需对应制定改进措施及对各因素的管理策略。本模型分析过程应与改进过程紧密结合，随着改进措施的实施，因素的优先顺序可能发生变化，应及时识别关键因素和调整管理措施，实现改进措施识别和实施的动态交互。

本节介绍的基于重要性-绩效分析(IPA)的关键使能因素识别模型对理论与实践均具有重要意义。企业管理者可采用此方法评估组织对使能因素的管理现状，锁定需重点加强管理的因素；专家学者可据此构建理论模型，进一步探索组织使能因素间相互关联的内在机理。

3.4　项目管理办公室

1. 概念和职责

项目管理办公室(PMO)是 PBO 中能力建设的负责部门，根据《PMBOK® 指南(第六版)》(PMI,2017)，PMO 是对与项目相关的治理过程进行标准化，并促进资源、方法论、工具和技术共享的组织机构，其将项目管理实践知识化，既是项目管理的参与者，又是项目管理工作的指导者。PMO 通过不断提高组织的项目管理水平，提升项目的成功率与组织战略的执行率。PMO 的职能范围可大可小，从提供项目管理支持服务，到直接管理一个或多个项目。

PMO 在组织中对特定时间内的项目进行管理支持(叶君,2022)，其主要职能之一是通过各种方式向项目经理提供支持，包括但不限于以下几项：

(1) 对 PMO 所管辖的全部项目的共享资源进行管理；

(2) 识别和制定项目管理方法、最佳实践和标准；

(3) 指导、辅导、培训和监督；

(4) 通过项目审计，监督对项目管理标准、政策、程序和模板的遵守程度；

(5) 制定和管理项目政策、程序、模板和其他共享的文件(如组织过程资产)；

（6）对跨项目的沟通进行协调。

2. 分类

根据对项目的控制和影响程度，PMO可分为支持型、控制型和战略型3种不同的类型。

（1）支持型PMO。支持型PMO是PMO建立的初始阶段，主要以辅助者的身份为项目经理提供管理支持、行政支持、培训、咨询顾问、技术服务、知识管理等支持服务，容易得到项目经理的认可，不容易引起太多的反对和权力之争。其主要职责是组织制定项目管理制度、构建项目管理信息平台、构建项目知识管理平台、监控和协同多项目执行等。在PMO的起步阶段，这种类型容易得以实施和执行，主要向主管副总经理和项目经理汇报。支持型PMO实际上是一个项目资源库，对项目的控制程度低。

（2）控制型PMO。控制型PMO不仅给项目提供支持，而且通过各种手段要求项目服从。服从包括：采用项目管理框架或方法论；使用特定的模板、格式和工具；服从治理；等等。控制型PMO在强矩阵组织结构中容易实现。在这种情形下，PMO拥有很大的权力，相当于代表公司的管理层，对项目进行整体的管理和控制，保证项目的顺利执行，以实现项目目标和组织目标。这时PMO的工作可以包括项目经理的任命、资源的协调、项目立项和结项的审批、项目的检查和数据分析、项目经理的培训等，可独立向总经理汇报。控制型PMO对项目的控制程度属于中等。

（3）战略型PMO。战略型PMO是PMO发展的高级阶段，项目经理由PMO指定并向其报告。在这种情形下，PMO承担着企业项目筛选、战略目标确定与分解等任务，具有承上（战略理解）和启下（启动项目）的双重任务。通过项目集和项目组合管理，确保所有项目能够围绕组织的目标，并且能够为公司带来相应的利益。战略型PMO可以直接向企业最高管理者汇报，它对项目的控制程度最高。

PMO的具体形式、职能和结构取决于所在组织的需要。实践中很多企业PMO初建期往往采用支持型的形式，随着从业人员项目管理知识的丰富与项目管理经验的提升，以及组织级项目管理成熟度的提升，内部职责与权限逐渐明晰，1～2年后PMO逐步将行政的职能分解到行政部门或资源部门的助理人员，更加专注于多项目的监控与项目分析、项目管理体系的建设与项目经理团队的培养，这标志已进入到控制型PMO的阶段。当PMO的数据分析对公司的决策与流程的变革、项目可行性分析、优先级排序、市场的开拓起到重要作用，1～2年后PMO就会逐步承担更重要的角色——战略分解与项目筛选，为公司领导决策起到重要的支持与参谋作用，即进入到战略型PMO的阶段。所以从一个PMO的建立到成熟至少要经历3～5年的时间。

PMO的成熟与发展一方面需要公司领导的重视、组织机构的扁平化与矩阵化、组织级项目管理成熟度的提升,另一方面更需要从业人员自身的不断努力与提升技能,以适应组织对 PMO 日益提高的能力与素质要求。企业可根据发展的不同阶段选择不同类型的 PMO,或对于混合型组织结构的大型企业在组织级及战略级根据需要分别建立PMO。PMO 中的项目管理岗位都应直接面对组织的高层管理者,对组织高层管理者负责,所有项目管理岗位都应该接受专业指导,形成统一的管理规范。

3.5 项目经理能力建设

项目经理对项目成果的交付负责,是连接企业高层管理者与项目团队的桥梁,是搭接组织战略与项目的中枢,对组织的项目管理能力具有重要的支撑作用(Loufrani-Fedida et al.,2015)。根据企业环境特征获取项目管理人才、实现能力集成正在成为业界关注的焦点。在基于项目的组织模式下,企业的核心竞争力在于项目管理人才储备、支持项目管理的组织环境以及两者的有效匹配(Ekrot et al.,2016a;Fisher et al.,2005)。项目经理能力与组织使能因素的匹配是员工-组织环境匹配的一种,也是项目型组织中至关重要的员工-组织环境匹配关系。项目执行难以脱离组织的支持,不同组织情境下项目经理需要具备不同的关键能力,项目经理所采用的项目管理方法与项目和组织环境的适应性往往最终决定项目成败(Thomas et al.,2007)。

在庞大的项目经理能力体系中锁定核心能力是企业招聘、选用和评价项目经理的基础。探索项目经理能力与组织使能因素的匹配规律是充分发挥项目经理能力和提升组织项目管理能力的基础。本节以工程行业为例,通过文献系统综述识别项目经理核心能力;在此基础上,构建工程建设企业项目经理能力与组织使能因素的匹配关系模型,分析二者的匹配关系对项目绩效的影响,为企业采取措施实现绩效改进、提升竞争力提供参考。

3.5.1 项目经理核心能力识别

项目经理能力在项目管理领域得到大量研究关注。为了充分反映研究现状和借鉴以往研究成果(Ika,2009;Jugdev et al.,2005),笔者检索了中外学者在建设项目管理领域的主要国际学术期刊(如 *International Journal of Project Management*、*Project Management Journal*、*Journal of Construction Engineering and Management* 和 *Journal of Management in Engineering*)2000—2018 年发表的有关工程项目经理能力的所有 67 项研究,对其研究主题、研究方法和所关注的具体能力指标等进行统计和分析。由此整体地把握研究关注的焦点,同时,结合我国学者在国内期刊发表的相关研究,反映中国工程建设行业的特点。以下分别从素质能力和外显能力的角度综述。

1. 素质能力理论

项目经理所需基本素质能力是项目管理领域长久以来的核心研究问题（Gaddis, 1959），集中体现了项目经理职业和角色定位的不断演变。素质能力（attribute-based competence）理论认为项目经理能力从根本上源于内在的，不局限于特定项目工作情境的知识、技能和基本能力（knowledge-skill-ability，KSA），对项目经理能力的分析也应从对项目经理 KSA 特征的评价出发（Stevens et al.，1994）。图 3-6 统计了所综述的 67 项研究中各 KSA 能力指标出现的次数，反映了各项能力的关注度。以下依次分析知识、技能和基本能力的相关研究。

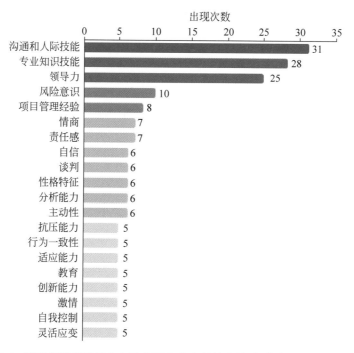

图 3-6 项目经理素质能力在已有研究中出现的次数（仅含出现 5 次以上的）

1）专业知识

项目经理从很大程度上是源自实践需求的职业，大量行业标准详细描述了项目经理所需的各项具体专业知识，形成了项目管理知识体系（Crawford，2005）。其中最具有代表性的是 PMI 组织全球项目管理从业人员作为志愿者总结的 PMBOK 知识体系标准。该标准识别了各行业项目管理从业人员普遍需要掌握的关键知识领域（PMI，2017）。依据 PMBOK 的项目管理专业人士认证资质（project management professional，PMP）也成为了从事项目经理职业的重要执业资格之一（Farashah et al.，2019）。类似的项目管理知识体系还包括：国际项目管理协会（IPMA）的项目管理能力基线标准（ICB 4.0），该标准从 KSA 的角度详细定义了项目经理所需的素质能力，并将各项能力指标与具体的项目管理流程、管理活动层级联系起来；英国政府商务部提出的受控环境下的项目管理（projects in controlled environments，PRINCE2）知识体系，将项目管理的基本知识和方法以管理流程的形式呈现。这些项目管理知识标准来源于一线从业人员的实践经验总结，标准内容的不断更新体现了项目经理所需能力的变化趋势（Andersen，2016）。随着对项目管理实践认识的不断深入，各标准的项目管理知识体系趋于一致，这方便了根据标准评价项目经理的项目管理知识能力，为项目经理能力培训提供了实践指导（Cheng et al.，2005）。

在具备一般项目管理知识的同时，工程项目经理对项目所应用工程技术的专业知识也至关重要，该能力项在 67 项研究中出现了 28 次（图 3-6）。由于建设项目专业性较强，美国项目管理协会在其项目管理知识体系指南的基础上，专门推出了建设行业的拓展版（PMBOK construction extension）。工程技术专业知识也被大量学者作为工程项目经理的基本胜任标准（Rashidi et al.，2011）。针对中国工程建设项目，张水波等（2013）、张水波和康飞（2014）等一系列研究将基本知识技能作为项目经理能力的 4 个主要维度之一；袁尚南和强茂山（2015）指出专业技术知识、法律知识、经济学知识等多方面知识背景是项目经理从事项目管理活动的基础；董留群（2016）使用结构方程模型探索了项目经理胜任力的来源，发现专业知识和技术能力是项目经理胜任力的基础；王雪青等（2014）进一步借助 O* NET 工作分析系统具体化了项目经理基本工作技能的内涵。同时，专业技术知识长久以来被认为是项目经理其他方面能力发挥的基础和支撑（黄静 等，2006），如指导项目团队成员（Fisher，2011；王洋 等，2013）、风险认知（Dillon et al.，2015）、项目目标监控（Arditi et al.，2009）等。

2）技能和基本能力

相比知识维度，技能和基本能力维度的联系紧密而没有绝对的界限，在研究中往往不加以绝对区分（Stevens et al.，1994）。项目管理、团队管理、领导力和人力资源管理等领域的大量研究分别从不同的角度探索了工程项目经理的技能和基本能力。

随着越来越多的组织活动通过团队协作实现，人们认识到团队能力不等同于成员能力的简单叠加，团队协作所需的技能不等同于个人独立工作所需的技能（Woolley et al.，2010），尤其是作为项目团队领导的工程项目经理（王洋 等，2013）。Stevens 等（1994）系统地综述了团队协作所需的关键知识、技能和基本能力，提出了 5 个维度、14 项团队协作的知识、技能和基本能力，着重强调了沟通和人际技能。在此基础上，后续研究进一步聚焦于团队领导的能力素质（Day et al.，2004），并实证分析了项目经理知识、技能和基本能力对项目团队绩效的影响（Weems-Landingham，2004）。Pant 等（2008）论述了 KSA 理论与项目管理方法的密切联系，呼吁在项目经理教育中强调沟通和人际技能。孙春玲等（2018）强调了人际关系能力在中国情境下项目管理活动中的基础性作用,并采用扎根理论方法得出了项目经理人际能力的 3 个主要结构维度。事实上,工程项目经理来自广泛的专业背景,而不局限于近年来才逐渐兴起的工程项目管理专业,大量工程技术专业背景的项目经理在实践中最迫切需求的并非项目所涉及的专业技术知识,而是沟通和人际技能(Odusami,2002;Hodgson et al.,2016)。这引发了项目管理从业人员和研究者对项目经理基本技能的反思,越来越多的研究者认为不仅需要关注项目经理在专业技能方面的硬实力,更应强调项目经理的"软技能"(Ahsan et al.,2013;蒋天颖 等,2010)。Odusam(2002)、Hwang 等(2013)、Meng 等(2017)的研究相继指出,工程项目经理的大部分工作时间用于沟通和人际活动,沟通技能是区分高绩效项目经理和普通项目经理的关键特征。Ahsan 等(2013)和 Chipulu 等(2013)利用大量项目经理招聘信息分析了行业中对于项目经理能力的真实需求,佐证了沟通和人际技能等"软技能"的重要性。

领导力在已有研究中出现的次数仅次于沟通与人际技能、专业知识技能(图 3-6),是项目经理作为项目团队领导的基本素质(Lloyd-Walker et al.,2011)。在领导力理论框架下,项目经理被定位为具有正式角色的团队内部领导,团队的临时性和有限的授权使得领导力对于项目经理的管理活动尤为重要(Day et al.,2004)。Miller 等(2000)和 Turner 等(2005)先后尝试系统地将领导力理论引入对工程项目经理能力的研究。在此基础上,众多后续研究聚焦了项目经理的变革型领导和交易型领导对项目管理活动有效性的影响(Lloyd-Walker et al.,2011;Tyssen et al.,2014)。例如,Keegan 和 Hartog(2004)对比了项目经理和职能经理的变革型领导风格及其对下属工作态度的影响,并未发现显著的效应;Clarke(2010)的实证分析则表明项目经理的变革型领导能力与团队绩效具有显著的正相关关系。虽然已有研究结果有待进一步实证检验,但各项研究形成的共识是项目经理的不同领导风格适合不同项目和组织情境,需要结合具体的团队管理工作定义领导力的概念范围和职能(Tyssen et al.,2014;Morgeson et al.,2010)。后续将从外显能力的视角分析项目经理领导力在建设项目中的内涵。

风险意识在 67 项研究中出现了 10 次(图 3-6)。风险管理视角下的项目管理理论认为项目生命周期对应于项目风险逐渐得到管控的过程,项目管理的关键在于通过风险管理不断增加项目成果交付的确定性(Ward et al.,1995)。工程建设项目往往具有广泛的社会影响,项目执行过程面临着来源众多的不确定性因素,尤其需要项目经理具备风险意识。刘红勇等(2017)指出,风险管理意识是决定项目经理能否胜任大型项目管理的关键。Wang 等(2016)的研究进一步表明项目经理的风险意识是与个人性格素质密切相关的基本能力维度,决定了项目经理的决策制定和管理风格。

项目管理经验在 67 项研究中出现了 8 次(图 3-6)。一方面,项目管理经验是工程项目经理职业发展过程的必要积累,绝大部分从业人员在担任工程项目经理之前都具有一定的项目管理活动经验(El-Sabaa,2001)。另一方面,项目管理经验反映了项目经理对知识、技能、基本能力的积累和应用,而类似项目的经验也往往是任用项目经理要考虑的重要因素(Ogunlana et al.,2002)。

此外,已有研究还提及了大量其他方面的技能、基本能力等个人属性(刘红勇 等,2017;曹志成 等,2017),如情商、责任感、性格特征等(Cohen et al.,2013;张水波 等,2014)。这些能力指标出现次数较少,已有研究对其重要性没有形成完全的共识(Nijhuis et al.,2015)。

2. 外显能力理论

项目经理的职责与一次性、临时性的项目相依存,不同情境下的任务需要不同的能力支持。外显能力(performance-based competence)理论认为对项目经理能力的定义应针对具体的组织和项目情景,从实现管理职能的角度出发(Morgeson et al.,2010)。图 3-7 总结了建设项目管理领域已有研究关注最多的各项项目经理外显能力。

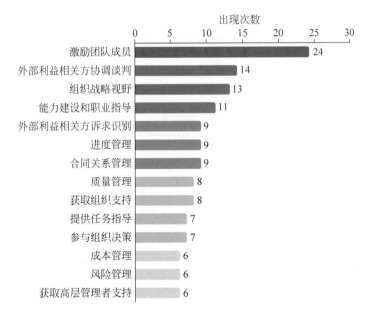

图 3-7　项目经理外显能力在已有研究中出现的次数(仅含出现 5 次以上的)

1) 团队领导能力

领导力理论认为,团队由具有不同诉求、目标和预期的成员组成,团队领导在团队形成初期的关键管理要点就是激励成员形成一致的目标、愿景和凝聚力(Day et al.,2004)。工程项目团队具有临时性,往往包含来自不同专业背景的成员,项目经理调动成员积极性的能力将直接影响团队协作的有效性(Skipper et al.,2006)。Odusami(2002)和 Fisher(2016)在不同时期对从业人员的调研均表明激励团队成员的能力是高绩效项目经理的必备能力。Schmid 等(2008)将激励理论应用于项目团队,通过对项目经理的观点调研发现，项目经理普遍认为正式授权和领导力风格是项目经理能否有效激励项目团队成员的决定性因素，而项目经理激发团队成员内在动力的能力决定了项目团队的有效性。Turner 等（2005）的系列研究进一步将激励团队成员作为项目经理领导风格的重要维度，并发现项目经理激励团队成员的能力在项目前期尤为重要。在中国建设项目管理情境下，王洋等（2013）实证分析了项目经理的领导能力对团队凝聚力的影响，认为项目经理的领导力、影响力和合理授权有助于激发团队的凝聚力；解燕平等（2016）则从项目经理服务团队成员的视角出发，测度了项目经理的服务型领导行为，揭示了其对项目团队凝聚力乃至项目绩效的贡献；乐云等（2014）的研究进一步表明，项目经理与团队成员的领导-成员交互（leader-member exchange，LMX）是凝聚临时项目团队、避免成员离职的关键。

项目经理作为团队领导对项目成员的能力建设与职业指导能力也得到诸多研究关注。项目一次性、临时性的特征使得成员无法在项目中获得类似于永久组织中的稳定晋升路径，这也让项目团队成员容易缺乏连续稳定职业发展的安全感（Schmid et al.，2008）。Gehring（2007）指出项目经理感知和满足项目团队成员动机和诉求的能力是团队领导能力的基础。虽然传统项目管理理论认为团队成员的能力培训和职业发展并不属于项目经理的职责范围（Medina et al.，2014），但 Arditi 等（2009）、Geoghegan 等（2008）、Hanna 等（2016）、Medina 等（2014）的研究均表明帮助团队成员提升个人能力和规划职业发展有助于项目经理发挥领导力、团队建设能力和促进组织能力提升。刘红勇等（2017）的研究进一步在中国建设行业情境下验证了项目经理提升和建设项目团队能力的重要性。

此外，项目经理为项目团队成员提供任务指导的能力在已有实证研究中被证明对项目经理的绩效水平具有较强的预测能力（Dainty et al.，2005）。Arditi 等（2009）通过问卷调研指出女性项目经理往往在指导团队成员和人际关系敏感性方面更具有优势，有助于项目绩效的提升。Hwang 等（2013）对绿色建筑项目的调研表明，项目经理与团队成员协作解决问题的能力是应对项目中具有挑战性技术难题的基础。Atalah（2013）进一步指出项目经理帮助和指导团队成员解决问题的导向能力应作为选用项目经理所要考虑的重要因素。王洋和陈勇强（2013）针对中国工程项目经理能力的实证分析表明，项目经理督导项目团队成员的能力直接影响项目团队整体能力。

2）组织内部管理能力

已有研究对项目经理在建设企业组织层面表现出的能力，重点关注了参与组织决策、获得高管支持、获得组织支持和组织战略视野 4 个方面。

部分研究关注了项目经理在与本项目有关的组织决策中的角色，强调了项目经理搭接组织决策和项目执行的中枢作用（Müller et al.，2018；Beringer et al.，2013）。在项目组合决策管理的已有研究中,项目经理参与组织决策、提供反映项目实际情况的信息有助于避免高层管理者主观因素造成的决策偏误(Lechler et al. ,2015；Stingl et al. ,2017；Unger et al. ,2012)。由此,参与、策动和影响项目相关决策的能力是项目经理在组织内部的重要管理能力(González et al. ,2013)。

与此紧密联系的是项目经理获得高管支持和获得组织支持的能力。获得组织支持的能力内涵相对广泛,Dolfi 等(2007)深入分析了项目经理所处的组织内部事业环境,认为从组织环境中获得支持是应对项目中各种挑战的基础。Chen 等(2007)进一步指出获得组织支持是项目经理有效地领导项目团队和进行决策管理的前提。部分研究尤为关注项目经理与高层管理者的关系,将其作为组织内部环境因素的关键部分单独研究了项目经理获得高层管理者支持的能力(Meng et al. ,2017)。Crawford(2005)的实证研究表明,高层管理者基于组织战略的视角和项目经理基于单项目的视角对项目的关注点往往存在差异,项目经理需要有效地向高层管理者呈现项目信息以形成共识和获得支持。

项目经理的组织战略视野在 67 项研究中出现了 13 次(图 3-7)。El-Sabaa(2001)基于对一般管理领域研究的综述,认为项目经理对本项目在企业乃至行业中的价值战略定位是项目经理组织管理能力的重要维度。Hanna 等(2016)基于实证分析指出项目经理基于组织战略的思维在很大程度上影响了高层管理者对项目经理的评价。Löwstedt 等(2018)进一步呼吁将项目经理定位为组织战略制定的一部分而不仅仅是组织战略的具体执行者。

3) 外部利益相关方管理

已有研究对项目经理在外部利益相关方管理方面表现出的能力重点关注了诉求识别、协调谈判和合同关系管理 3 个维度。

其中,识别项目利益相关方诉求是有效管理利益相关方的前提。Dainty 等(2005)通过实证分析发现有效识别利益相关方的诉求是高绩效项目经理区别于普通项目经理的显著特征。Meng 等(2017)、Wang 等(2006)从关系管理的角度分析了项目经理的外部利益相关方管理能力,认为项目经理识别和满足外部利益相关方诉求的能力是影响外部利益相关方满意度的决定性因素。

从项目治理的视角出发,项目经理对外部利益相关方的合同关系管理和协调谈判分别对应于基于合同的治理能力和基于关系的治理能力(Lu et al. ,2015)。合同管理构成了项目团队与外部利益相关方关系的基本框架。建设项目面临复杂的自然和社会环境条件,项目变更往往难以避免,工程项目经理需要通过有效的合同管理措施妥善应对变更,使项目管理活动在多变环境中保持灵活性和适应性(Dillon et al. ,2015)。

同时,作为合同管理的补充,与外部利益相关方建立协调沟通机制也是项目经理外部利益相关方管理的必要方面(Hanna et al. ,2016)。Zhang 等(2013)通过问卷调研分析了工程项目经理社交能力的各个方面,发现项目经理的组织协调和沟通谈判能力是与利益相关方有效合作的基础。Mazur 等(2014)进一步针对项目经理的关系管理能力开发了问卷量表,使用 13 个指标测度项目经理协调外部利益相关方的能力。

3. 整合视角

素质能力理论强调在多种项目和组织情境下均能带来高绩效的能力,但无法给出特定项目条件下所需具备的关键能力(Sandberg,2000);外显能力理论强调在管理实践中表现出的、具有证明意义的业绩,但无法确定在特定情境下表现出的能力能否在其他项目中延续(Conway,1999)。

对比两种理论可见,两者对项目经理能力的分析互相补充。Crawford(2005)提出了整合的能力定义视角,采用项目管理知识体系的能力指标测量项目经理的素质能力,结合基于绩效的胜任力评价体系给出整合的能力评价。以国际项目管理协会(IPMA)、(美国)项目管理协会(PMI)和澳大利亚项目管理协会(Australian Institute of Project Management,AIPM)为代表的众多项目管理行业协会的能力标准体系也逐渐趋于采用整合的视角定义项目经理能力(图 3-8),进一步印证了在实践中采用整合的能力体系测量和评价项目经理能力的可行性。

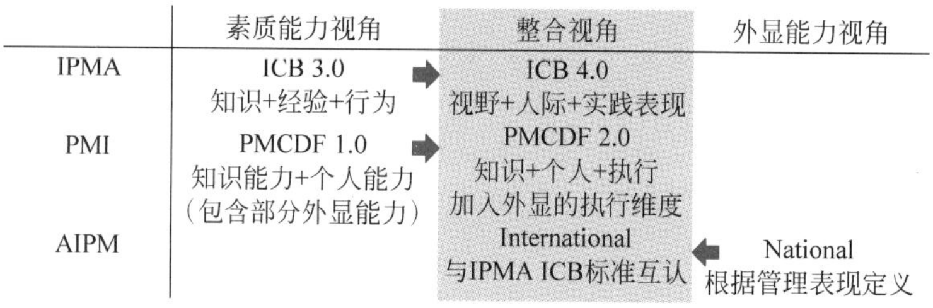

	素质能力视角	整合视角	外显能力视角
IPMA	ICB 3.0 知识+经验+行为	ICB 4.0 视野+人际+实践表现	
PMI	PMCDF 1.0 知识能力+个人能力(包含部分外显能力)	PMCDF 2.0 知识+个人+执行 加入外显的执行维度	
AIPM		International 与IPMA ICB标准互认	National 根据管理表现定义

图 3-8 各项行业标准趋于采用整合的视角定义项目经理能力

笔者整合了已有研究中重点关注的项目经理能力维度和指标,作为对项目经理能力测度的参考,如表 3-15 所示。

表 3-15 已有研究中重点关注的项目经理能力维度和指标

能 力 维 度	能 力 指 标	在已有研究中出现的次数
知识和技能	沟通和人际技能	31
	专业知识技能	28
	风险意识	10
	项目管理经验	8
组织管理能力	组织战略视野	13
	获得组织支持	8
	参与组织决策	7
	获取高层管理者支持	6

能 力 维 度	能 力 指 标	在已有研究中出现的次数
项目团队领导能力	激励团队成员	24
	能力建设和职业指导	11
	提供任务指导	7
外部利益相关方管理	协调谈判	14
	诉求识别	9
	合同关系管理	9

3.5.2　项目经理能力与组织使能因素匹配

员工与组织环境的匹配在个体层面具有多方面的影响,组织领导与组织环境的匹配则将直接影响整个组织。项目经理是工程建设企业的中层管理者,一方面是接受高层管理者领导的员工,另一方面承担着项目团队领导的角色,因此,项目经理与组织环境的匹配具有多个层次的影响。

1. 各层级组织使能因素对项目经理的支持作用

项目管理使能因素的定义即为对项目管理活动形成支持和驱动的组织内部环境因素,其对项目经理充分发挥能力的支持作用是直接而明显的(PMI,2013;Müller et al.,2014)。完善的项目执行规范使项目管理活动有章可循,从而使项目经理避免困于基础的事务性工作,集中精力于核心管理流程,促进项目经理能力发挥作用(Scott,2012)。组织的项目型导向一方面为项目经理提供了组织资源支持,有助于项目经理充分利用组织资源施展自身能力;另一方面,也为项目经理和其他项目团队成员营造了稳定的职业发展路径,从而使得项目经理可以更好地发挥团队领导能力,提升团队凝聚力(Bredin et al.,2013)。明确的责权体系下,组织成员的责权界定清晰,项目经理拥有合理的授权,是项目经理发挥能力特长的关键和前提(Yu et al.,2018)。完善的组织结构有助于职能和项目业务线条之间共享资源、有效协作,在此环境下项目经理得以更加充分地发挥其沟通协调能力(Zhang et al.,2013;Aubry et al.,2018),充分利用组织资源提升项目绩效。综上所述,项目管理使能因素为组织在多变环境下规范执行项目提供了有利的组织环境,可能有助于增进项目经理能力对项目绩效的贡献。

在项目集层级的使能因素中,项目集的组织保障对项目经理的跨项目协调活动提供了支持,在这种组织保障下项目经理的沟通和组织协调能力对于项目成功显得尤为重要(Vuorinen et al.,2018)。多项目整合机制强调形成项目集价值导向的跨项目协调机制,一方面对于单项目而言可能产生约束和限制,由此可能限制项目经理能力对项目绩效产生的贡献(Zika-Viktorsson et al.,2016);但另一方面,多项目整合机制有助于项目经理形成项目集价值导向的认识,提升项目在组织战略价值中的整合(Kopmann et al.,2017；Pellegrinelli et al.,2015）。项目间的灵活协调提升了项目经理在项目集决策中的参与程度,增进了项目间的资源共享,促进了项目经理在组织内部沟通协调的能力对项目绩效的贡献(Pellegrinelli et al.,2015)。整体而言,项目集管理的组织使能因素体现了组织在规范制度环境下灵活、高效协调,可能提升项目经理能力对项目绩效的贡献。

在项目组合使能因素中,组织认同感从很大程度上决定了项目经理激励团队成员形成一致目标的难易程度。对组织目标、战略、价值观的认同将促进成员工作态度的提升(Huang et al.,2015),从而便于项目经理的团队领导发挥能力。在完善的知识资源积累机制下,项目经理可能拥有更多的组织知识技术资源作为项目执行的支持因素,更需要项目经理的技术能力、组织内部协调能力以充分发挥这些资源的作用(Riis et al.,2019)。成员的自我组织促进了组织内部管理流程的执行,简化了项目经理领导项目团队和组织内部协作的难度(Di Vincenzo et al.,2012),同时有助于项目团队与外部利益相关方及时沟通协调,改进客户体验。综上所述,项目组合使能因素在凝聚的组织文化下积淀企业知识资产,对项目经理管理能力的发挥具有使能作用。

由此可见,各层级组织使能因素分别有助于增进项目经理能力对项目绩效的贡献,成熟的使能因素与良好的项目经理能力匹配有助于提升项目绩效。

2. 具体匹配规律

笔者采用调节效应模型分析项目经理能力对项目绩效的影响程度是否随着组织使能因素的提升而增强,概念模型如图 3-9 所示。

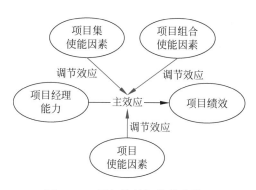

图 3-9　匹配规律的调节效应模型

基于 3.3.2 节所述的组织使能因素指标体系及 3.5.1 节所述识别的项目经理核心能力指标,通过问卷调研收集数据,采用偏最小二乘结构方程模型与回归分析进行验证。整体而言,项目经理能力对项目绩效的影响受项目和项目组合层级的组织使能因素影响较显著,受项目集层级使能因素的影响整体较不显著。对各项能力与组织使能因素维度交互效应的研究揭示了具体的匹配规律,发现各项项目经理能力与组织使能因素之间存在 15 项显著的正向交互效应和 6 项显著的负向交互效应,以下分别进行讨论。

1) 正向交互效应

项目经理能力与组织使能因素之间的正向交互效应对应于使能因素促进项目经理能力发挥的(互补)作用。

(1) 专业知识技能-项目执行规范。当组织的项目执行规范比较完善时,项目经理的专业知识技能可以更好地促进项目绩效的提升。在项目执行规范的基础上,项目成员拥有更多的任务执行指南,项目经理得以更多地下放授权(Geoghegan et al.,2008;Meng et al.,2017),以集中精力于项目的关键管理和技术问题,从而更充分地发挥专业知识技能。

(2) 项目管理经验-项目执行规范。完善的项目执行规范增强了项目管理经验的作用,完善的项目执行规范有助于提升项目经理对关键项目管理问题的专注程度,有利于项目经理管理经验的充分发挥。

(3) 项目管理经验-项目型导向。组织的项目型导向促进了项目经理的项目管理经验对项目绩效的贡献。项目型导向的组织环境为项目经理提供了高层支持、资源基础和正式的职业发展路径,激发了项目经理的主动性和责任感(Ekrot et al.,2016b),在此基础上,项目经理的项目管理经验对项目绩效的作用尤为突出。

(4) 诉求识别-项目型导向。项目型导向的组织环境下,项目经理识别外部利益相关方诉求的能力对项目绩效的贡献更加重要。项目导向的组织环境下,组织尤为重视项目管理活动及其客户的满意度,因此项目经理识别各利益相关方诉求的能力将从更大程度上影响项目绩效(Wang et al.,2006)。

(5) 风险意识-责权体系明确。明确的责权体系下,项目经理的风险管理意识对项目绩效的促进作用更强。风险分担与责权分配密切相关,明确的责权体系界定了项目经理的职责边界,项目经理的风险管理意识得以更好地发挥作用(张水波 等,2014)。

(6) 激励团队成员-责权体系明确。组织责权体系明确对项目经理激励团队成员能力的发挥具有积极作用。明确的责权体系清晰界定了项目经理、职能经理之间的责权划分,是项目经理有效激励团队成员的基础。

(7) 培养提升成员-责权体系明确。明确的责权体系有助于发挥项目经理培养、提升团队成员能力的作用。传统意义上的项目经理职责不包括对项目团队成员的培养。但越来越多的研究表明,在项目管理实践中,学习是员工在基于项目的环境下培养能力的重要途径,项目经理也由此被赋予了更多的培养团队成员能力的职责(Medina et al.,2014)。这一匹配规律表明,项目经理培养提升成员的能力需要建立在明确责权体系的基础上。

(8) 合同关系管理-组织结构完善。完善的组织结构下,项目经理的合同关系管理能力能够更好地贡献于项目绩效。依据合同条款规定框架管理合同关系需要建立在组织内部各部门有效协作、项目和职能线条有效配合的基础上。因此,项目经理的合同关系管理能力离不开完善的组织结构支持。

(9) 沟通和人际技能-项目集组织保障。组织中存在支持项目集管理的组织保障时,项目经理的沟通和人际技能对项目绩效的贡献更加显著。项目集层面的组织内部协调活动直接影响各项目间的逻辑关系和目标集成,项目经理的沟通和人际能力决定了项目经理反映一线项目信息和为项目争取组织支持的能力(孙春玲 等,2018)。随着组织形成促进项目集协调活动的组织结构,项目经理的沟通和人际能力变得尤为重要。

(10) 获得组织支持-项目间灵活协调。在项目间存在灵活协调的组织环境下,项目经理在组织内部获取其他部门支持的能力对项目绩效的贡献显著增加。项目间的灵活协调离不开项目和职能部门之间的密集协作,在此组织情境下,作为项目团队与组织之间桥梁的项目经理需要具有获取内部部门支持的能力。

(11) 激励团队成员-组织认同感。在组织认同感较高的使能环境下,项目经理激励团队成员的能力能够更好地发挥以提升项目绩效。在具有强烈组织认同感的组织氛围下,项目成员将具有更强的团队凝聚力(Huang et al.,2015),项目经理激励团队成员的能力将更加直接地贡献于项目绩效。

(12) 获取高层管理者支持-组织认同感。较高的组织认同感将促进项目经理获取高层管理者的支持。组织认同感有助于加强项目团队对组织战略、价值观和管理方法的认可,在此基础上,有效地获取高层管理者的支持将进一步提升团队的斗志(Meng et al.,2017),提高项目绩效。

(13) 获取组织支持-组织知识资源积累。组织中存在注重知识资源积累的使能环境时,项目经理获取内部部门支持的能力对项目绩效的贡献更加突出。组织知识资源积累通过项目经理从组织内部部门寻求支持发挥作用(Sense,2007),最终贡献于项目绩效。

(14) 协调谈判-成员自我组织。在成员自我组织较强的环境下,项目经理与外部利益相关方协商谈判的能力作用更加显著。成员的自我组织使成员之间自发地共享信息,形成高效的协作网络,由此提升了项目经理对外协商谈判的效率,有助于实现对外部利益相关方需求的及时响应,提升其满意度。

(15) 激励团队成员-成员自我组织。成员的自我组织有利于项目经理激励团队成员能力的发挥。成员自发的高效协作和资源共享活动为项目经理激励团队士气奠定了基础,有助于项目经理发挥激励能力,增进项目绩效。

2）负向交互效应

项目经理能力与组织使能因素之间的负向交互效应,表明随着该使能因素的增强,项目经理对应的能力作用下降。

(1)专业知识技能-项目型导向。项目型导向较强的组织环境下,项目经理专业知识技能的作用相对下降。在强调基于项目的职业发展路径和为项目提供支持的组织环境下,技术能力往往不构成筛选和任用项目经理的唯一标准(Rashidi et al.,2010)。在力求快速交付项目的环境下,对项目技术水平的要求相应放松(Eriksson,2013),项目经理的专业知识技能对项目绩效的重要性相应下降。

(2)合同关系管理-项目型导向。项目型导向较强的组织环境下,项目经理合同关系管理能力的贡献减弱。合同关系的治理更倾向于严格执行合同条款,而以项目组织生产活动的工程建设企业往往倾向于以建立长期合作关系、保持利益相关方满意为重,通过伙伴协商的方式执行项目。在此环境下,项目经理严谨地基于合同条款管理合同关系的能力作用下降。

(3)合同关系管理-责权体系明确。明确的责权体系下,项目经理的合同关系管理能力作用下降。理论上而言,明确的责权体系为项目经理的能力发挥提供基础和支撑,但随着管理责权的明确划分,正式合同关系管理职能可能集中到企业的法务部门,从而使项目经理合同关系管理能力的作用下降。

(4)组织战略视野-责权体系明确。明确的责权体系下,项目经理的组织战略导向作用下降。随着组织的责权明确,高层管理者对项目经理的能力要求倾向于聚焦单项目管理层面。调研表明(Crawford,2005),高层管理者对项目经理的战略管理能力没有明确要求。

(5)专业知识技能-多项目整合机制。多项目整合机制完善的组织环境下,项目经理的专业知识技能对项目绩效的贡献相对减弱。多项目整合机制要求项目之间以项目集目标为导向进行绩效考评、计划制订,避免片面追求单项目绩效目标的"镀金"(Unger et al.,2012),这对于单项目绩效尤其是技术水平方面而言可能并非最优。在此组织环境下,项目经理的专业知识技能发挥可能受限(Jia et al.,2011)。

(6)专业知识技能-项目间灵活协调。项目间灵活协调的组织环境下,项目经理专业知识技能的作用被削弱。项目间灵活协调促进项目集内各项目的目标协同和优势互补,对单个项目经理的专业知识依赖程度下降(Pellegrinelli et al.,2015)。在此组织环境下,项目经理的专业知识技能可能不再具有决定性的影响。

3.6 组织能力沉淀

通过规范系统地总结项目执行过程中的无形资产,形成组织过程资产(organizational process assets,OPA)和事业环境因素(enterprise environmental factors,EEF)两个层级的组织使能,建设组织的核心竞争力。

3.6.1 组织过程资产

项目管理理论认为,项目管理工作包含启动、规划、执行、监控、收尾5大过程组,项目收尾阶段是积累项目经验,凝练组织过程资产的关键阶段。组织过程资产源于企业内部,指一个学习型组织在项目操作过程中所积累的无形资产,是执行组织所特有并使用的计划、过程、政策、程序和知识库,会影响对具体项目的管理。组织过程资产的累积程度是衡量一个组织项目管理体系成熟度的重要指标,项目组织在实践中形成自己独特的过程资产,积累组织项目管理能力,构成组织的核心竞争力。

根据 PMBOK 第六版(PMI,2017),组织过程资产可分为以下两类:组织知识库;过程、政策和程序。

1. 组织知识库

组织知识库即组织用来存取信息的知识库,具体包括(但不限于)以下几项:

(1)以往项目操作过程中留下的历史信息(如范围、成本、进度与绩效测量基准,项目日历,项目进度网络图,风险登记册,风险报告以及相关方登记册);

(2)经验教训知识库,其中既包括已经形成文字的档案,也包括留在团队成员脑子中没有形成文字的思想(如完整的项目收尾信息与文件、关于以往项目选择决策的结果及以往项目绩效的信息,以及从风险管理活动中获取的信息);

(3)财务数据库,包括人工时、实际成本、预算和成本超支等方面的信息;

(4)问题与缺陷管理数据库,包括问题与缺陷的状态、控制信息、解决方案以及相关行动的结果。

这一类组织过程资产涵盖单项目级按制度保存的数据信息,是在整个项目执行期间结合项目新信息而持续更新的。例如,整个项目期间会持续更新与财务绩效、经验教训、绩效指标和问题以及缺陷相关的信息。

2. 过程、政策和程序

过程、政策和程序即组织用于执行项目工作的流程与程序,包括(但不限于)以下几项:

(1)指南和标准,用于裁剪组织标准流程和程序以满足项目的特定要求;

(2)特定的组织标准,例如政策(人力资源政策、健康与安全政策、安保与保密政策、质量政策、采购政策和环境政策等);

(3)模板(如项目管理计划、项目文件、项目登记册、报告格式、合同模板、风险分类、风险描述模板、概率与影响的定义、概率和影响矩阵,以及相关方登记册模板);

(4)产品和项目生命周期,以及方法和程序(如项目管理方法、评估指标、过程审计、改进目标、组织内使用的标准化的过程定义)。

此类资产涵盖项目组织在项目管理过程中制定的各种规章制度、指导方针、规范标准、操作程序、工作流程、行为准则和工具方法等。这一类资产的更新通常不是项目工作的一部分,而由 PMO 或项目以外的其他职能部门完成。更新工作仅须遵循与过程、政策和程序更新相关的组织政策。

对各个单项目管理过程中组织过程资产的凝练是项目集绩效、项目组合收益持续提升的关键,具有重要的组织战略意义。组织过程资产维护方式主要有以下两个方面:一是按组织过程资产分类标准在项目管理系统中的项目资产库中保存和分享;二是将维护组织过程资产作为项目管理工作的重要环节,按不同的项目工作阶段对信息进行整理收集,并在项目资产库中进行维护。通过梳理、设计组织过程资产在实际项目管理工作中的分类标准以及各类组织过程资产的来源渠道,使得无论从组织的项目管理层面,还是从项目执行层面,都对抽象的组织过程资产概念形成清晰、具象的认识,能够在一定程度上提升组织中关于组织过程资产沉淀的理解及执行力度,为组织的持续学习与发展奠定基础。

3.6.2　事业环境因素

项目所处环境可能对项目开展产生影响,主要的影响来源除了组织过程资产外,还包括事业环境因素。事业环境因素源于项目外部(往往是企业外部)的环境,指项目团队不能控制的,将对项目产生影响、限制或指令作用的各种条件,可分为组织内部事业环境因素和组织外部事业环境因素两类(PMI,2017)。

1. 组织内部事业环境因素

组织内部事业环境因素包括(但不限于)以下几项:

(1) 组织文化、结构和治理,例如愿景、使命、价值观、信念、文化规范、领导风格、等级制度和职权关系、组织风格、道德和行为规范;

(2) 基础设施,例如现有设施、设备、组织通信渠道、信息技术硬件、可用性和功能;

(3) 信息技术软件,例如进度计划软件工具、配置管理系统、进入其他在线自动化系统的网络界面和工作授权系统;

(4) 员工能力,例如现有人力资源的专业知识、技能、能力和特定知识。

2. 组织外部事业环境因素

组织外部事业环境因素包括(但不限于)以下几项:

(1) 市场条件,例如竞争对手、市场份额、品牌认知度和商标;

(2) 法律限制,例如与安全、数据保护、商业行为、雇佣和采购有关的国家或地方法律法规;

(3) 商业数据库,例如标杆对照成果、标准化的成本估算数据、行业风险研究资料和风险数据库;

(4) 政府或行业标准,例如与产品、生产、环境、质量和工艺有关的监管机构条例和标准。

组织过程资产的沉淀离不开制度规范的约束,组织内部事业环境因素(如相关制度规范)对知识沉淀有重要的保障作用。此外,在全球化、命运共同体时代,组织着力为外部事业环境因素(如行业数据库、标准、法律)做出贡献才能占据价值链高端,实现更高的收益与组织的持续发展。

3.6.3　案例分析

本节介绍两个具体案例,以展示如何根据组织在制度执行和生产运作过程中积累的历史信息和数据,采用现代管理学的研究方法,深入挖掘管理规律和机理,以积累过程资产、提升组织能力。

1. 基于"准自然实验"的企业激励政策研究

激励机理是员工动机和绩效研究的核心问题。对个体的激励一般分为内生激励和外生激励两种形式,而金钱激励是最典型、最常见的外生激励形式之一(Pinder,2015)。笔者研究了某企业引入和取消金钱激励对员工任务绩效的影响,展示了基于"准自然实验"的机理研究方法及相关结论,为组织的制度评估和设计提供了方法和机理参考。

某大型工程企业开发了安全隐患管理信息系统,所有员工都可以自愿选择通过该系统上报和处理安全隐患。为激励员工使用该系统进行安全隐患上报和处理,公司设计了金钱激励政策:每条上报的隐患任务完成后,上报人可以通过该系统获得 2 元人民币,这个数额相较于该项目所在地的收入水平,个体可能获得的金钱激励总额是可观的。例如,某员工在一个月内完成了 89 个隐患任务,获得了 178 元人民币,约为当地人均月可支配收入(约 1800 元)的 10%。

1) 引入金钱激励对员工任务绩效的影响

对于隐患任务,采用员工在系统中上报隐患任务的数量来度量其任务参与度,采用对该隐患任务的处理效率来度量其任务完成质量。本研究对比了引入金钱激励前后 4 个月的员工任务参与度和任务完成质量的差异,结果发现引入金钱激励后员工的平均任务参与度显著提高,而任务处理效率则显著降低。此结果与已有文献对引入金钱激励影响的研究结论一致,即引入金钱激励后,员工或用户参与任务的平均积极性上升,但完成任务的平均质量则可能会下降(Sun et al.,2017;Khern-am-nuai et al.,2018)。这是因为金钱激励的提供是基于任务完成的数量而非质量,所以引入金钱激励后,员工有动机执行更多任务,并在单位时间内为每项任务投入更少精力,从而导致任务处理效率降低。

2）取消金钱激励对员工任务绩效的影响

该场景下的隐患任务可分为类型 A 和类型 B 两种,金钱激励政策运行一段时间后,公司决定取消对类型 B 任务的金钱激励,但依然保留对类型 A 任务的金钱激励。这一决定主要基于两个考虑:首先,从长远来看奖励员工的金钱成本不容忽视;其次,公司想了解在没有金钱激励的情况下,员工是否已经建立起通过该信息系统上报和处理隐患任务的习惯。由于取消类型 B 任务的金钱激励是这两类任务政策变化的唯一区别,因此可将其视为一种"准自然实验":类型 B 任务的金钱激励被取消了,为"实验组";类型 A 任务的金钱激励未被取消,为"控制组"。该"准自然实验"场景为采用双重差分法(difference in differences,DID)研究取消金钱激励的因果效应提供了契机,对DID方法的具体介绍见 4.2.2 节。

DID 的实证研究结果发现,取消金钱激励对员工的任务参与度和任务完成质量都有显著的负面影响。而且,这些影响对不同动机类型(采用上报隐患任务时自发撰写的字数多/少作为对内生动机高/低的度量)和不同能力水平(采用上报隐患任务时是/否能准确指定责任人作为对能力高/低的度量)的个体表现出复杂的异质性:取消金钱激励后,高内生动机个体的任务参与度显著下降,但任务完成质量没有显著变化,与之相比,低内生动机个体的任务参与度下降更多,而且任务完成质量显著下降;取消金钱激励会导致低能力个体的任务完成质量下降,但不会影响高能力个体的任务完成质量。

3）引入和取消金钱激励的对比讨论与管理启示

经对比可以发现,金钱激励的效应具有不对称性:引入金钱激励对员工任务绩效的有利影响(如提高任务参与度)在取消金钱激励后会消失或减弱,但引入金钱激励的不利影响(如降低任务完成质量)却不会随着取消金钱激励而改变,甚至还会增强。从长久运营的角度,公司或平台的管理者希望能够培养稳定的员工或用户行为模式,然而本案例研究的结果表明,金钱激励可能不是培养行为模式的最佳方式。管理者在考虑是否引入金钱激励时应当更加审慎,一方面,长期提供金钱激励带来的财务成本不容忽视;另一方面,未来如果取消金钱激励措施,可能造成更进一步的负面影响。

不同个体由于动机类型和能力水平等方面的差异,对金钱激励的响应存在复杂的异质性,管理者应充分考虑个体之间的异质性,采用更加个性化的激励机制。例如,相比于低内生动机个体,具有高内生动机的个体对金钱激励更不敏感,无论是否提供金钱激励,其任务完成质量都不受影响,而且在取消金钱激励后,与低内生动机个体相比,高内生动机个体的任务参与度下降幅度明显更小,因此,可以采用其他方法激励高内生动机个体,如设计游戏化元素(Liu et al.,2017)和创建企业文化(Garud et al.,2005)等。

2. 基于协作网络分析的团队决策行为研究

越来越多的大型项目及 PBO 开始设立项目管理专家委员会(以下简称"专委会")以支撑项目决策。本例基于 Wen 等(2018)的研究,展示了对某大型工程项目专委会协作决策行为的研究方法,实证了专委会的作用及影响其决策行为的因素,为相关组织优化管理模式提供了方法和机理参考。

具体而言,面对不断变化的项目环境,组织不仅需要正确地做出决策,还需要及时地做出决策。而且,对于项目型组织,项目内部各种任务之间的复杂依赖关系使得单个决策者难以根据他/她的有限信息进行决策,因此许多组织依赖决策小组共同决策。团队决策虽然受益于多方面的信息整合,但也给决策及时性带来了挑战。首先,决策者之间的协调和沟通可能会耗费大量时间;其次,决策团队的相互信任和共识难以在短时间内建立;最后,项目决策的一次性性质导致其缺乏正式的章程,可能造成决策过程的松散。

该大型工程项目为提升决策的科学性和有效性,成立了专委会对该项目的重要问题进行决策,该专委会包括 67 名专家,共召开了 157 次决策会议。本研究基于这 157 次会议的记录,构建并分析了专委会成员的动态协作网络,并进一步揭示网络动态特征如何影响决策效率(Wen et al. ,2018)。

1) 专委会协作网络分析

图 3-10 展示了协作网络从第 10 次会议到第 60 次会议再到第 110 次会议的扩展。尽管网络不断扩展,但仍保持清晰的核心-外围结构,而且组织成员的网络位置不断变化,体现了社会资本分配的动态演化。网络核心的稳定性表明一些核心成员持续参与决策,动态变化的网络外围则由偶尔参与的成员组成,为特定问题贡献专业知识。与"多核"结构的网络相比,这种"单核"结构意味着决策过程的目标更统一、矛盾更少(Roberto,2003)。

图 3-10　项目专家的协作网络增长

2) 协作决策机理挖掘

根据构建的专委会协作网络,将计算决策团队的群体熟悉度和社会资本集中度两项关键指标作为自变量。群体熟悉度反映了决策团队的历史协作频率和协作深度,社会资本集中度则反映了团队成员在网络中影响力的集中程度。此外,还提取了学科多样性、决策问题类型、基于论文共同作者的熟悉度等指标作为控制变量。

然后,以决策时间为因变量,采用 Cox 回归探索协作网络动态对决策效率的影响。结果表明,决策团队中更紧密的协作关系和更集中的社会资本分配有助于加速决策进程。从社会网络分析的角度,本研究证实了网络连接强度(熟悉度)和网络位置强度(社会资本)在项目决策环境中的积极影响,为项目型组织的协作决策提供了理论基础;从团队决策管理实践的角度,本研究的结果表明,在选定决策团队成员时,不仅要考虑能力维度(如技术专长),还应考虑成员的协作网络关系。例如,在决策团队中加入具有强大社会资本的成员,可以作为团队合作的"润滑剂",起到沟通桥梁和提高团队效率的作用。

3.7 本 章 小 结

本章聚焦组织级项目管理能力建设,首先介绍了组织级项目管理的层级理论框架,并说明组织级项目管理通过连接项目管理、项目集管理、项目组合管理与各层级对应的组织使能因素提升组织级项目管理能力;在此基础上系统介绍并对比了来自项目管理权威机构的 4 个典型能力成熟度模型,为组织选择匹配的理论模型辅助组织级项目管理能力的持续改进提供参考;之后系统梳理了 OPM3 的组织使能因素最佳实践,据此发展出适用于中国企业的三层次使能因素指标体系,并提供了识别关键使能因素的模型方法,为企业在实践中识别薄弱使能因素,针对性地采取对策提升组织级项目管理能力提供有效工具;随后介绍了组织中的能力建设部门 PMO 的职能分类并通过文献计量识别了组织中的关键个体项目经理的关键能力体系,揭示了相关能力与组织使能因素的匹配规律;最后,介绍组织能力沉淀的相关理论与实践。相关成果可为企业筛选和任用项目经理提供借鉴,服务于企业改进项目管理能力和塑造组织竞争力,同时有助于项目管理从业人员针对企业需求提升自身能力,实现能力匹配。

参 考 文 献

曹志成,刘伊生,2017.基于主成分分析法和层次分析法的工程项目经理胜任力评价研究[J].工程管理学报,31(3):114-118.

董留群,2016.基于结构方程模型的项目经理胜任力的关键影响因素研究[J].工程管理学报,30(2):23-27.

黄静,汪小金,2006.建筑施工项目经理能力与素质的实证分析[J].四川建筑科学研究,32(5):217-220.

蒋天颖,丰景春,2010.基于贝叶斯网络的工程项目经理胜任力评价研究[J].科技管理研究,2010,30(1): 58-60.

乐云,白居,王盛文,等,2014.项目经理冲突管理模式对下属离职倾向的作用[J].同济大学学报(自然科学版),42(11):1776-1782.

刘红勇,曹沁润,2017.大型工程项目经理胜任力研究[J].科技促进发展,8(7):540-546.

马占新,马生昀,2009.基于C2W模型的广义数据包络分析方法研究[J].系统工程与电子技术31(2):366-372.

孙春玲,成雪梅,李艳飞,等,2018.工程项目经理人际关系能力构念与维度研究[J].项目管理技术,16(9):18-24.

王雪青,刘鹏,陈杨杨,2014.基于 O* NET 的工程项目经理胜任特征研究[J].广西大学学报(自然科学版)39,(1):199-205.

王洋,陈勇强,2013.工程承包企业项目经理对项目团队能力的影响分析[J].科技管理研究,33(6):119-122.

温祺.工程项目经理能力与组织使能因素匹配研究[D].北京:清华大学,2019.

解燕平,何清华,2016.项目经理服务型领导行为对项目绩效的影响[J].同济大学学报(自然科学版),44(11):1790-1795.

叶君,邓静,2022.PMO 在无人机研发项目中的应用[J].项目管理技术,20(5):100-104.

袁尚南,强茂山,2015.水利工程项目经理所需能力素质研究[J].水力发电学报,34(1):229-236.

张水波,康飞,2014.DBB 与 DB/EPC 工程建设模式下项目经理胜任特征差异性分析[J].土木工程学报,47(2):129-135.

张水波,康飞,李祥飞,2013.基于支持向量机的建设工程项目经理胜任力评价[J].中国软科学,27(11):83-90.

ABALO J,VARELA J,MANZANO V,2007. Importance values for importance-performance analysis: A formula for spreading out values derived from preference rankings[J]. Journal of Business Research, 60(2):115-121.

AHSAN K,HO M,KHAN S,2013. Recruiting project managers: A comparative analysis of competencies and recruitment signals from job advertisements[J]. Project Management Journal,44(5):36-54.

ANDERSEN E S,2016. Do project managers have different perspectives on project management? [J]. International Journal of Project Management,34(1):58-65.

ARDITI D,BALCI G,2009. Managerial competencies of female and male construction managers[J]. Journal of Construction Engineering and Management,135(11):1275-1278.

ATALAH A,2013. Comparison of personality traits among estimators, project managers, and the population[J]. Journal of Management in Engineering,30(2):173-179.

AUBRY M,LAVOIE-TREMBLAY M,2018. Rethinking organizational design for managing multiple projects[J]. International Journal of Project Management,36(1):12-26.

BARTSCH V,EBERS M,MAURER I,2013. Learning in project-based organizations: the role of project teams' social capital for overcoming barriers to learning [J]. International Journal of Project Management,31(2):239-251.

BERINGER C,JONAS D,KOCK A,2013. Behavior of internal stakeholders in project portfolio management and its impact on success[J]. International Journal of Project Management,31(6):830-846.

BESNER C,HOBBS B,2012. An empirical identification of project management toolsets and a comparison among project types[J]. Project Management Journal,43(5):24-46.

BREDIN K,SÖDERLUND J,2013. Project managers and career models: An exploratory comparative study [J]. International Journal of Project Management,31(6):889-902.

CHEN S H，LEE H T，2007. Performance evaluation model for project managers using managerial practices
［J］. International Journal of Project Management，25(6)：543-551.

CHENG M I，DAINTY A R J，MOORE D R，2005. What makes a good project manager? ［J］. Human
Resource Management Journal，15(1)：25-37.

CHIPULU M，NEOH J G，OJIAKO U，et al.，2012. A multidimensional analysis of project manager
competences［J］. IEEE Transactions on Engineering Management，60(3)：506-517.

CLARKE N，2010. Emotional intelligence and its relationship to transformational leadership and key project
manager competences［J］. Project Management Journal，41(2)：5-20.

CONNER K R，1991. A historical comparison of resource-based theory and five schools of thought within
industrial organization economics：do we have a new theory of the firm? ［J］. Journal of
management，17(1)：121-154.

CONWAY J M，1999. Distinguishing contextual performance from task performance for managerial jobs
［J］. Journal of Applied Psychology，84(1)：3.

CRAWFORD L，2005. Senior management perceptions of project management competence［J］. International
Journal of Project Management，23(1)：7-16.

CROMPTON J L，DURAY N A，1985. An investigation of the relative efficacy of four alternative
approaches to importance-performance analysis［J］. Journal of the Academy of Marketing Science，
13(4)：69-80.

DAINTY A R，CHENG M I，MOORE D R，2005. Competency-based model for predicting construction
project managers' performance［J］. Journal of Management in Engineering，21(1)：2-9.

DAY D V，GRONN P，SALAS E，2004. Leadership capacity in teams［J］. The Leadership Quarterly，15(6)：
857-880.

DI VINCENZO F，MASCIA D，2012. Social capital in project-based organizations：Its role，structure，and
impact on project performance［J］. International Journal of Project Management，30(1)：5-14.

DILLON S，TAYLOR H，2015. Employing grounded theory to uncover behavioral competencies of
information technology project managers［J］. Project Management Journal，46(4)：90-104.

DOLFI J，ANDREWS E J，2007. The subliminal characteristics of project managers：An exploratory study
of optimism overcoming challenge in the project management work environment［J］. International
Journal of Project Management，25(7)：674-682.

EKROT B，KOCK A，GEMÜNDEN H G，2016. Retaining project management competence：Antecedents
and consequences［J］. International Journal of Project Management，34(2)：145-157.

El-SABAA S，2001. The skills and career path of an effective project manager［J］. International Journal of
Project Management，19(1)：1-7.

EOM C S，YUN S H，PAEK J H，2008. Subcontractor evaluation and management framework for strategic
partnering［J］. Journal of Construction Engineering and Management，134(11)：842-851.

ERIKSSON P E，2013. Exploration and exploitation in project-based organizations：Development and
diffusion of knowledge at different organizational levels in construction companies［J］. International
Journal of Project Management，31(3)：333-341.

FARASHAH A D，THOMAS J，BLOMQUIST T，2019. Exploring the value of project management
certification in selection and recruiting［J］. International Journal of Project Management，37(1)：
14-26.

FERNANDES G，WARD S，ARAÚJO M，2014. Developing a framework for embedding useful project
management improvement initiatives in organizations［J］. Project Management Journal，45(4)：
81-108.

FERNANDES G，WARD S，ARAÚJO M，2015. Improving and embedding project management practice in organisations: A qualitative study[J]. International Journal of Project Management, 33 (5): 1052-1067.

FISHER D J, SCHLUTER L, TOLETI P K, 2005. Project management education and training process for career development[J]. Journal of Construction Engineering and Management, 131(8): 903-910.

FISHER E, 2011. What practitioners consider to be the skills and behaviours of an effective people project manager [J]. International Journal of Project Management, 29(8): 994-1002.

FOSS N J, 1996. Knowledge-based approaches to the theory of the firm: Some critical comments[J]. Organization Science, 7(5): 470-476.

GADDIS P O, 1959. The project manager[M]. Boston: Harvard University.

GARUD R, KUMARASWAMY A, 2005. Vicious and virtuous circles in the management of knowledge: The case of Infosys Technologies[J]. MIS Quarterly, 29(1): 9-33.

GEHRING D R, 2007. Applying traits theory of leadership to project management[J]. Project Management Journal, 38(1): 44-54.

GEOGHEGAN L, DULEWICZ V, 2008. Do project managers' leadership competencies contribute to project success? [J]. Project Management Journal, 39(4): 58-67.

GIRALDO GONZÁLEZ G E, PULIDO CASAS G H, LEAL CORONADO C A, 2013. Project manager profile characterization in the construction sector in Bogotá, Colombia[J]. Project Management Journal, 44(6): 68-93.

GRANT K P, PENNYPACKER J S, 2006. Project management maturity: An assessment of project management capabilities among and between selected industries [J]. IEEE Transactions on Engineering Management, 53(1): 59-68.

HANNA A S, IBRAHIM M W, LOTFALLAH W, et al. , 2016. Modeling project manager competency: An integrated mathematical approach[J]. Journal of Construction Engineering and Management, 142(8): 04016029.

HODGSON D E, PATON S, 2016. Understanding the professional project manager: Cosmopolitans, locals and identity work[J]. International Journal of Project Management, 34(2): 352-364.

HOSSAIN L, WU A, 2009. Communications network centrality correlates to organisational coordination[J]. International Journal of Project Management, 27(8): 795-811.

HUANG Y C, MA R, LEE K W, 2015. Exploitative learning in project teams: Do cognitive capability and strategic orientations act as moderator variables? [J]. International Journal of Project Management, 33(4): 760-771.

HWANG B G, WEI J N, 2013. Project management knowledge and skills for green construction: Overcoming challenges[J]. IEEE Engineering Management Review, 31(2): 272-284.

IKA L A, 2009. Project success as a topic in project management journals[J]. Project Management Journal, 40(4): 6-19.

JIA G, CHEN Y, XUE X, et al. , 2011. Program management organization maturity integrated model for mega construction programs in China[J]. International Journal of Project Management, 29 (7): 834-845.

JOHNS T G, 1999. On creating organizational support for the project management method[J]. International Journal of Project Management, 17(1): 47-53.

JUGDEV K, MATHUR G, FUNG T S, 2007. Project management assets and their relationship with the project management capability of the firm[J]. International Journal of Project Management, 25(6): 560-568.

JUGDEV K, MÜLLER R, 2005. A retrospective look at our evolving understanding of project success[J]. IEEE Engineering Management Review, 34(3): 110-110.

JUGDEV K,THOMAS J,2002. Project management maturity models：The silver bullets of competitive advantage[J]. Project Management Journal,33(6)：4-14.

JUNG J Y ,WANG Y J,2006. Relationship between total quality management（tqm）and continuous improvement of international project management（ciipm）[J]. Technovation,26(5)：716-722.

KALE S,KARAMAN E A,2011. Evaluating the knowledge management practices of construction firms by using importance-comparative performance analysis maps[J]. Journal of Construction Engineering and Management,137(12)：1142-1152.

KEEGAN A E,HARTOG D N,2004. Transformational leadership in a project-based environment：A comparative study of the leadership styles of project managers and line managers[J]. International Journal of Project Management,22(8)：609-617.

KHERN-AM-NUAI W,KANNAN K,GHASEMKHANI H,2018. Extrinsic versus intrinsic rewards for contributing reviews in an online platform[J]. Information Systems Research,29(4)：871-892.

KOGUT B,ZANDER U,1992. Knowledge of the firm,combinative capabilities,and the replication of technology[J]. Organization Science,3(3)：383-397.

KOPMANN J,KOCK A,KILLEN C P,et al. ,2017. The role of project portfolio management in fostering both deliberate and emergent strategy[J]. International Journal of Project Management,35(4)：557-570.

LECHLER T G,THOMAS J L,2015. Examining new product development project termination decision quality at the portfolio level：Consequences of dysfunctional executive advocacy[J]. International Journal of Project Management,33(7)：1452-1463.

LING F Y Y,LI S,2012. Using social network strategy to manage construction projects in China[J]. International Journal of Project Management,30(3)：398-406.

LIU D,SANTHANAM R,WEBSTER J,2017. Toward meaningful engagement：A framework for design and research of gamified information systems[J]. MIS Quarterly,41(4)：1011-1034.

LLOYD-WALKER B,WALKER D,2011. Authentic leadership for 21st century project delivery[J]. International Journal of Project Management,29(4)：383-395.

LOUFRANI-FEDIDA S,MISSONIER S,2015. The project manager cannot be a hero anymore! Understanding critical competencies in project-based organizations from a multilevel approach[J]. International Journal of Project Management,33(6)：1220-1235.

LOVELL C K,PASTOR J T,1999. Radial DEA models without inputs or without outputs[J]. European Journal of Operational Research,118(1)：46-51.

LU P,GUO S,QIAN L,et al. ,2015. The effectiveness of contractual and relational governances in construction projects in China[J]. International Journal of Project Management,33(1)：212-222.

LÖWSTEDT M,RÄISÄNEN C,LEIRINGER R,2018. Doing strategy in project-based organizations：Actors and patterns of action[J]. International Journal of Project Management,36(6)：889-898.

MAZUR A,PISARSKI A,CHANG A,et al. ,2014. Rating defence major project success：The role of personal attributes and stakeholder relationships[J]. International Journal of Project Management,32(6)：944-957.

MEDINA R,MEDINA A,2014. The project manager and the organisation's long-term competence goal[J]. International Journal of Project Management,32(8)：1459-1470.

MENG X,BOYD P,2017. The role of the project manager in relationship management[J]. International Journal of Project Management,35(5)：717-728.

MILLER D M,FIELDS R,KUMAR A,et al. ,2000. Leadership and organizational vision in managing a multiethnic and multicultural project team[J]. Journal of Management in Engineering,16(6)：18-22.

MORGESON F P,DERUE D S,KARAM E P,2010. Leadership in teams：A functional approach to understanding leadership structures and processes[J]. Journal of Management,36(1): 5-39.

MÜLLER R,PEMSEL S,SHAO J,2014. Organizational enablers for governance and governmentality of projects: A literature review[J]. International Journal of Project Management,32(8): 1309-1320.

MÜLLER R,SANKARAN S,DROUIN N,et al. ,2018. A theory framework for balancing vertical and horizontal leadership in projects[J]. International Journal of Project Management,36(1): 83-94.

NIJHUIS S A,VRIJHOEF R,KESSELS J W M,2015. Towards a taxonomy for project management competences[J]. Procedia-Social and Behavioral Sciences,194: 181-191.

ODUSAMI K,2002. Perceptions of construction professionals concerning important skills of effective project leaders[J]. Journal of Management in Engineering,18(2): 61-67.

OGUNLANA S,SIDDIQUI Z,YISA S,et al. ,2002. Factors and procedures used in matching project managers to construction projects in Bangkok[J]. International Journal of Project Management, 20(5): 385-400.

PANT I,BAROUDI B,2008. Project management education: The human skills imperative[J]. International Journal of Project Management,26(2): 124-128.

PELLEGRINELLI S, MURRAY-WEBSTER R, TURNER N, 2015. Facilitating organizational ambidexterity through the complementary use of projects and programs[J]. International Journal of Project Management,33(1): 153-164.

PINDER C C,2015. Work motivation in organizational behavior[M]. 2nd ed. New York: Psychology Press.

PMI,2017. A guide to the project management body of knowledge[M]. Newtown Square,Pennsylvania: Project Management Institute.

Project Management Institute,2013. Organizational project management maturity model (OPM3)[M]. 3rd ed. Newtown Square,Pennsylvania: Project Management Institute.

RANGANATHAN C,DHALIWAL J S,2001. A survey of business process reengineering practices in Singapore [J]. Information & Management. 39(2): 125-134.

RASHIDI A,JAZEBI F,BRILAKIS I,2011. Neurofuzzy genetic system for selection of construction project managers[J]. Journal of Construction Engineering and Management,137(1): 17-29.

RIIS E,HELLSTRÖM M M,WIKSTRÖM K,2019. Governance of projects: Generating value by linking projects with their permanent organisation[J]. International Journal of Project Management.

ROBERTO M A,2003. The stable core and dynamic periphery in top management teams[J]. Management Decision,41(2): 120-131.

SANDBERG J,2000. Understanding human competence at work: An interpretative approach[J]. Academy of Management Journal,43(1): 9-25.

SAYERAS J M,AGELL N,ROVIRA X,et al. ,2016. A measure of perceived performance to assess resource allocation[J]. Soft Computing,20(8): 3201-3214.

SCHMID B,ADAMS J,2008. Motivation in project management: The project manager's perspective[J]. Project Management Journal,39(2): 60-71.

SCOTT W R,2012. The institutional environment of global project organizations[J]. Engineering Project Organization Journal,2(1-2): 27-35.

SENSE A J,2007. Structuring the project environment for learning[J]. International Journal of Project Management,25(4): 405-412.

SKIPPER C O,BELL L C,2006. Assessment with 360 evaluations of leadership behavior in construction project managers[J]. Journal of Management in Engineering,22(2): 75-80.

SLACK N,1994. The importance-performance matrix as a determinant of improvement priority [J]. International Journal of Operations and Production Management,14(5): 59-75.

STEVENS M J,CAMPION M A,1994. The knowledge,skill,and ability requirements for teamwork:

Implications for human resource management[J]. Journal of Management,20(2)：503-530.

STINGL V, GERALDI J, 2017. Errors, lies and misunderstandings：Systematic review on behavioural decision making in projects[J]. International Journal of Project Management,35(2)：121-135.

SUN Y, DONG X, MCINTYRE S, 2017. Motivation of user-generated content：Social connectedness moderates the effects of monetary rewards[J]. Marketing Science,36(3)：329-337.

THIRY M, DEGUIRE M, 2007. Recent developments in project-based organisations［J］. International journal of project management,25(7)：649-658.

THIRY M, DEGUIRE M, 2007. Recent developments in project-based organisations［J］. International journal of project management,25(7)：649-658.

THOMAS J, MULLALY M, 2007. Understanding the value of project management：First steps on an international investigation in search of value[J]. Project Management Journal,38(3)：74-89.

TOO E G, WEAVER P, 2014. The management of project management：A conceptual framework for project governance[J]. International Journal of Project Management,32(8)：1382-1394.

TURNER J R, MÜLLER R, 2005. The project manager's leadership style as a success factor on projects：A literature review[J]. Project Management Journal,36(2)：49-61.

TYSSEN A K, WALD A, SPIETH P, 2014. The challenge of transactional and transformational leadership in projects[J]. International Journal of Project Management,32(3)：365-375.

UNGER B N, KOCK A, GEMÜNDEN H G, et al. , 2012. Enforcing strategic fit of project portfolios by project termination：An empirical study on senior management involvement[J]. International Journal of Project Management,30(6)：675-685.

Van Der MERWE A P, 2002. Project management and business development：integrating strategy, structure,processes and projects[J]. International Journal of Project Management,20(5)：401-411.

VUORINEN L,MARTINSUO M,2018. Program integration in multi-project change programs：Agency in integration practice[J]. International Journal of Project Management,36(4)：583-599.

WANG C M, XU B B, ZHANG S J, et al. , 2016. Influence of personality and risk propensity on risk perception of Chinese construction project managers［J］. International Journal of Project Management,34(7)：1294-1304.

WANG X, HUANG J, 2006. The relationships between key stakeholders' project performance and project success：Perceptions of Chinese construction supervising engineers［J］. International Journal of Project Management,24(3)：253-260.

WARD S C,CHAPMAN C B,1995. Risk-management perspective on the project lifecycle[J]. International Journal of Project Management,13(3)：145-149.

WEEMS-LANDINGHAM V L,2004. The role of project manager and team member knowledge,skills and abilities (KSAs) in distinguishing virtual project team performance outcomes[M]. Cleveland,Ohio：Case Western Reserve University.

WEN Q,QIANG M,GLOOR P,2018. Speeding up decision-making in project environment：The effects of decision makers' collaboration network dynamics[J]. International Journal of Project Management, 36(5)：819-831.

WERNERFELT B, 1984. A resource-based view of the firm［J］. Strategic management journal,5(2)：171-180.

WIBOWO A,AIFEN H W,2014. Identifying macro-environmental critical success factors and key areas for improvement to promote public-private partnerships in infrastructure：Indonesia's perspective[J]. Engineering,Construction and Architectural Management,21(4)：383-402.

WONG P S P,CHEUNG S O,YIU R L Y,et al. ,2012. The unlearning dimension of organizational learning in construction projects[J]. International Journal of Project Management,30(1)：94-104.

WOOLLEY A W,CHABRIS C F,PENTLAND A,et al. ,2010. Evidence for a collective intelligence factor in the performance of human groups[J]. Science,330(6004): 686-688.

YAZICI H J,2009. The role of project management maturity and organizational culture in perceived performance[J]. Project Management Journal,40(3): 14-33.

YU J H, KWON H R, 2011. Critical success factors for urban regeneration projects in Korea[J]. International Journal of Project Management,29(7): 889-899.

YU M,VAAGAASAR A L,MÜLLER R,et al. ,2018. Empowerment: The key to horizontal leadership in projects[J]. International Journal of Project Management,36(7): 992-1006.

ZHANG F,ZUO J,ZILLANTE G,2013. Identification and evaluation of the key social competencies for Chinese construction project managers[J]. International Journal of Project Management,31(5): 748-759.

ZHANG L,CHENG J,2015. Effect of knowledge leadership on knowledge sharing in engineering project design teams: The role of social capital[J]. Project Management Journal,46(5): 111-124.

ZIKA-VIKTORSSON A,SUNDSTRÖM P,ENGWALL M,2006. Project overload: an exploratory study of work and management in multi-project settings [J]. International Journal of Project Management, 24(5): 385-394.

第 4 章

>>>>>>>>>>

基于大数据的智慧管理

问题导向型的项目需求使得项目大型化、复杂化,项目的易变性、不确定性、复杂性和模糊性增加。应对这一变化,需要基于项目数据的定量化和系统化方法保驾护航。数智化方法时代的到来使其成为可能,为项目管理带来了全新的机遇和发展。本章以"基于大数据的智慧管理"为主题,首先,提炼了大数据创新和管理的主要价值,对大数据在项目管理中的研究和实践领域进行了介绍;其次,对大数据在管理研究和实践中的主要方法和技术进行了综述;最后,结合具体的研究案例,阐述了基于大数据的智慧管理内涵,为项目管理研究和实践提供建议和参考。

4.1 数字化驱动:大数据赋能项目管理创新

项目管理创新与信息技术的发展紧密相连。20 世纪 80 年代起,得益于微型计算机的出现和运算速度的提升,项目管理技术呈现繁荣发展的趋势,并在工业界深度应用。21 世纪以来,大数据时代的到来更是极大地为项目管理创新赋能,基于日益完善的信息技术基础设施(如管理信息系统等)及其采集的大量数据,以及逐步增强的数据分析和处理能力(如人工智能算法等),现代项目管理正在向智能化乃至智慧化转型。

大数据方法的创新对现代项目管理的主要价值,可以概括为以下 3 方面:

(1) 更精准全面的现状刻画。管理的前提和基础是对项目和组织现状的认知。从外部视角来看,大型项目的外部干系人数量众多、关系复杂,实时了解干系人在项目中的角色定位和利益诉求,有助于协调各方目标,推动项目顺利进展;从内部视角来看,对组织运作、业务流程乃至员工状态的精准分析和判断,是项目管理机构合理搭建体制机制、制定管理策略的基础。与传统的人工判断、经验分析不同,大数据方法基于海量数据分析,覆盖了从宏观组织,到中观项目,乃至微观个体等各个方面,可实现对项目现状的更精准全面的刻画。

(2) 更深入翔实的机理挖掘。机理挖掘是组织持续改进管理制度的重要驱动。相比于传统组织学和管理学,大数据时代的机理挖掘具有理论和方法两方面优势。理论方面,基于更加丰富的观测数据,突破了经典假设(如完全理性和孤立个体等)的约束,开创更符合实际、更具可信度的管理学理论;方法方面,从传统的模型驱动向数据驱动转变,从参数不确定性到模型不确定性转变,并提出了处理大规模、高频率、多样化、高噪声数据的技术方法(洪永淼 等,2021)。尤其是对于大型复杂的项目,采用更贴近经验证据的理论构建和模型估计,使得对项目管理的机理挖掘更为深入翔实且更具实践价值。

(3) 更高效精细的管理应用。基于信息技术的应用开发有助于提高管理效率。传统的管理手段大多依赖人工,存在成本高、效率低、不精确等诸多缺点。在信息化的大背景下,结合对管理现状和机理的认知,利用信息技术开发针对业务流程的具体工具和应用,有助于项目管理的精细化、自动化乃至智能化,以全面提高管理绩效。

4.2 大数据管理创新的主要方法和技术

结合大数据管理创新的主要价值和特点,本节从文本分析、机理挖掘和应用创新3个方面,介绍管理学研究和实践中常用的大数据方法和技术。

4.2.1 文本分析的主要方法和技术

大数据时代的显著特征是产生了大量的非结构化数据,如文本、图片、视频等。与传统的结构化数据相比,对非结构化数据的分析和处理是大数据技术发展的重点和难点。其中,文本数据是非结构化数据的典型代表,蕴含着管理主体(如组织、个人)丰富的观点和情感信息,是目前管理学研究和实践中最常见的非结构化数据形态,且文本分析的许多方法和思路也可以拓展至其他类型的非结构化数据。

因此,下文将从特征提取、主题挖掘、情感分析3个方面介绍文本分析的主要方法和技术。

1. 特征提取

文本分析的基础是对文本数据的建模表示和特征提取。最基础的文本建模方法是词袋(bag of words,BOW)模型:将一段文本看成是装着词语的"袋子",而不考虑这些词语的顺序。

在词袋模型下,语料库中的某个文档(如一句话)可以表示成一个 V 维向量 $\boldsymbol{X}$。其中,V 为语料库所包含的词语总数,即词典的长度;向量 $\boldsymbol{X}$ 第 i 维的值 $\boldsymbol{X}_i$,是词典第 i 个词在该文档中出现的次数。以如下两句话为例:

句子1 Project management is important in construction industry.

句子2 Data driven analysis is important in project management. Qualitative analysis is also important.

基于上述两句话构成的语料库,统计其中出现的独特词语,构建词典为[project,management,data,driven,analysis,is,important,in,construction,industry,qualitative,also]。然后,统计各词语在句子1和句子2中出现的次数,将其表示为如下向量:

句子1 [1,1,0,0,0,1,1,1,1,1,0,0]

句子2 [1,1,1,1,2,2,2,1,0,0,1,1]

上述每一个句子可以称为一个文档。假设语料库包含 D 个文档,根据上述方法,最终可将该语料库表示成一个维度为 $D \times V$ 的文档-词频矩阵,再进行后续的分析处理。需要注意的是,构建该矩阵之前,一般需要对文本数据进行预处理,包括去停用词、去低频词、去词根化等,中文文本因为词语间无空格分隔还需进行分词操作(Sun,2012)。

基于该文档-词频矩阵,还可以进一步调整词语在文档中的权重,如采用词频-逆向文件频率(term frequency-inverse document frequency,TF-IDF)算法(Rajaraman et al.,2011)。TF-IDF 算法的基本原理是:词语的权重(TF-IDF 值)和它在某特定文档 d 中出现的次数成正比,但和在所有 D 个文档(即"语料库")中出现的频率成反比。这是因为,在大量文档中都出现意味着该词语更可能是一些通用词,反而不具有代表性。具体而言,某特定词语 t 在文档 d 中的 TF-IDF 值的计算公式如下:

$$\text{TF-IDF}(t,d,D) = \text{TF}(t,d) \times \text{IDF}(t,D)$$

$$\text{IDF}(t,D) = \log_2 \frac{D}{|\{j : t \in d_j\}|}$$

(4-1)

其中,$\text{TF}(t,d)$ 是词语 t 在文档 d 中出现的次数;$\text{IDF}(t,D)$ 是词语 t 的逆向文本频率(文档总数除以包含词语 t 的文档数,将得到的商取以 2 为底的对数)。经调整后的 $D \times V$ 矩阵,第 d 行第 t 列的元素,即为词语 t 在文档 d 中的 TF-IDF 值。为使文档之间具有可比性,对矩阵每一行(即每个文档的 TF-IDF 向量)进行归一化处理,使每一行向量的欧几里得长度为 1。以往的研究和实践表明,采用 TF-IDF 算法可以得到对文档更优化的表示,进而提高后续分析处理的有效性(Rajaraman et al.,2011;Breitinger et al.,2015)。

词袋模型因其表示简单、可理解的特点在文本分析领域得到了广泛应用,并可拓展至图像处理任务(Silva et al.,2018)。然而,其主要缺陷是将文档视为词语的简单组合,未考虑词语的顺序。为此,计算机领域进一步开发出了基于词向量(word embedding)的表示方法,Word2vec 是其中的典型代表。

Word2vec 是一种基于词语之间的上下文关系,进行无监督训练得到词向量的深度学习方法。其模型实现包括 Skip-Gram 和 CBOW 两种:Skip-Gram 模型的学习原理是根据当前词语预测上下文的词语,CBOW 则是根据上下文的词语预测当前词语,其模型的示意框架如图 4-1 所示。以 Skip-Gram 模型为例,给定一个词语序列 $w_1,w_2,w_3,\cdots,w_T$,其训练的目标是学习出每个词语的词向量表示,以最大化如下的平均对数概率似然函数:

$$\text{Objective} = \frac{1}{T} \sum_{t=1}^{T} \sum_{-d \leqslant i \leqslant d, i \neq 0} \log p(w_{t+i} | w_t)$$

(4-2)

其中,T 是词语序列长度;d 是上下文的"窗口"大小,比如 $d=10$ 指考虑当前词语的前 10 个词和后 10 个词作为上下文语境;$\log p(w_{t+i}|w_t)$ 是给定当前词语 w_t,词语 w_{t+i} 出现的概率,通过 softmax 函数定义如下:

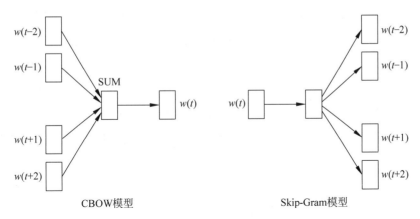

CBOW模型　　　　　　　　　　　Skip-Gram模型

图 4-1　Word2vec 的模型框架（Mikolov et al.，2013a）

$$\log p(w_O \mid w_I) = \frac{\exp(\boldsymbol{u}_{w_O}^{\mathrm{T}} \boldsymbol{v}_{w_I})}{\sum_{w=1}^{W} \exp(\boldsymbol{u}_{w}^{\mathrm{T}} \boldsymbol{v}_{w_I})}, \tag{4-3}$$

其中，$\boldsymbol{v}_w$ 和 $\boldsymbol{u}_w$ 分别指的是词语 w 的"输入"向量和"输出"向量，W 是语料库词典的大小。通过最大化上述目标函数，最终将 $\boldsymbol{v}_w$ 作为词语 w 的词向量表示。在算法的实现过程中，上述计算的复杂度过高，因此往往采用基于霍夫曼树（Huffman tree）的分层 softmax 函数或者负采样（negative sampling）提高计算效率（Mikolov et al.，2013b）。

以往的研究表明，Word2vec 训练出的词向量能较好地捕捉语义信息，甚至具有线性解释力（Mikolov et al.，2013c）。例如，词向量（"马德里"）－词向量（"西班牙"）＋词向量（"法兰西"）≈词向量（"巴黎"）。在 Word2vec 思想的启发下，研究者还开发出了用于表征句子的 Sentence2vec 和用于表征文档的 Doc2vec 等方法（Le et al.，2014；Kiros et al.，2015）。

对文本基础特征的提取，除了词语、句子、文档的通用向量表示之外，还包括一些特定特征的提取，如词性标注、实体抽取、关系识别等（Voutilainen，2003；Li et al.，2020；Zhang et al.，2015）。

2. 主题挖掘

基于文本中提取的基础特征，可进一步挖掘其中的主题，以帮助理解文本语义。主题挖掘的方法经历了从潜在语义分析（latent semantic analysis，LSA）到概率潜在语义分析（probabilistic latent semantic analysis，PLSA），再到概率主题模型（probabilistic topic model）的发展过程。

潜在语义分析的基本原理是对文档-词频矩阵进行奇异值分解（singular value decomposition，SVD）。具体而言，假设某语料库表示为文档-词频矩阵 $\boldsymbol{M}$（维度为 $D \times V$，D 为文档数目，V 为词典长度），经过奇异值分解，可得 $\boldsymbol{M} = \boldsymbol{A} \boldsymbol{\Sigma} \boldsymbol{B}^{\mathrm{T}}$。其中，矩阵 $\boldsymbol{A}$ 是

维度为 $D \times r$ 的半正交矩阵,矩阵 B 是维度为 $V \times r$ 的半正交矩阵,Σ 是维度为 $r \times r$ 的对角矩阵(对角线上的元素为矩阵 M 的 r 个奇异值,r 为矩阵 M 的秩)。为进一步降低维度,一般只取 M 的前 $k(k<r)$ 个奇异值,得到近似的奇异值分解,即最终得到矩阵 A 的维度为 $D \times k$,矩阵 B 的维度为 $V \times k$。而后,矩阵 A 的每一行可视为每个文档的主题向量,而矩阵 B 的每一列可视为每个主题的词语向量(Susan,2005)。虽然潜在语义分析得到的主题向量可用于后续分析(比如采用聚类算法挖掘文档之间的相似性),但由于并未基于文本的生成过程直接建模,所以此方法缺乏概率基础和足够的可解释性。

概率主题模型是概率图模型的一种,直接建模了文本的生成过程,其中应用最广泛的是潜在狄利克雷分布(latent Dirichlet allocation,LDA)主题模型(Hoffman et al.,2010)。在 LDA 的框架下,文档的生成过程包括以下几个步骤,并且可以用图 4-2 展示的模型来描述。

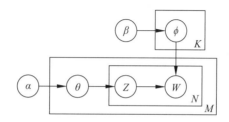

图 4-2　LDA 模型生成文档的过程

(1) 对于 $k \in \{1,2,\cdots,K\}$,从 $\text{Dir}(\beta)$ 分布中选择 ϕ_k。其中,ϕ_k 是主题 k 在词语上的分布,$\text{Dir}(\beta)$ 是以 β 为参数的狄利克雷分布,K 是主题数目;

(2) 对于 $i \in \{1,2,\cdots,M\}$,从 $\text{Dir}(\alpha)$ 分布中选择 θ_i。其中,θ_i 是文档 i 在主题上的分布,$\text{Dir}(\alpha)$ 则是以 α 为参数的狄利克雷分布,M 是文档数目;

(3) 对于 $i \in \{1,2,\cdots,M\}$,对于文档 i 中的每一个词 j,从 $\text{Multinomial}(\theta_i)$ 中选择一个主题 $z_{i,j}$,再从 $\text{Multinomial}(\phi_{z_{i,j}})$ 中选择一个词 $w_{i,j}$。其中 $\text{Multinomial}(\theta_i)$ 是以 θ_i 为参数的多项式分布,$\text{Multinomial}(\phi_{z_{i,j}})$ 是以 $\phi_{z_{i,j}}$ 为参数的多项式分布。

LDA 模型的求解是一个隐变量推断问题,一般采用吉布斯抽样(gibbs sampling)或变分推断(variational inference,VI)算法(Griffiths et al.,2004;Hoffman et al.,2013)。主题数的确定主要根据困惑度(perplexity)指标并结合领域知识综合判定(Levy et al.,2014)。以往研究表明,通过 LDA 模型挖掘文档主题分布,具有较好的可解释性(Loughran et al.,2016;Rivera et al.,2021)。

LDA 的建模是基于"词袋"模型,且假设文档之间相互独立。为进一步捕捉文本的其他信息,如作者信息、文档类别、文档之间的联系等,研究者还开发了许多更复杂的主题模型,以适应不同应用场景,如 RTM(relational topic model)、STM(structural topic model)、NTM(neural topic model)等(Chang et al.,2009;Miao et al.,2017;Roberts et al.，2019)。

3. 情感分析

目前的文本情感分析技术可分为两类：一是基于词典的方法；二是基于机器学习的方法。

基于词典的文本情感分析，分为两步：词典建立和情感值计算。首先，文本中包含具有情感色彩的词汇，如一些形容词、名词和动词，还包括修饰情感强度的程度副词、表达否定的否定词等，对词库中的词语进行词性和情感极性值的标定，可得到情感分析的词典库。其次，根据语言的句法特点，定义文本情感表现的特定模式(如"程度副词+情感词")，进而得出对某个文档的情感计算和分类算法(Taboada et al.，2011)。很多研究者建立了用于情感分析的词典库，可在相关领域直接应用(Shen et al.，2009；Jiang et al.，2016)。

基于机器学习的文本情感分析方法遵从机器学习的一般思路，即从文本中提取出具有高识别能力的特征，再利用机器学习算法，如支持向量机(support vector machine，SVM)、朴素贝叶斯模型(naive bayesian model，NBM)等，训练出相应模型，最终将模型用于文本的情感分类。虽然有监督的机器学习需要大量的标记样本，但大数据时代的到来使得训练样本的获取成本大幅降低。而且，某些通用预训练模型的提出也提高了机器学习方法的开发效率，如谷歌(Google)公司基于大量文本数据训练出的 BERT 模型，后续研究者只需在其基础上微调，即可得到良好的文本分类或预测效果(Devlin et al.，2019)。

4.2.2　机理挖掘的主要方法和技术

基于大数据时代的大规模、多类型数据，如何从中挖掘组织学和管理学的机理，以推动理论发展和工程实践，需要相应方法的支撑。本节介绍结构方程模型、计量经济学回归分析、机器学习和因果推断 3 种类型的机理挖掘方法。

1. 结构方程模型

结构方程模型是用于估计多个变量(构念)之间复杂因果关系的统计方法。其基本程序如图 4-3 所示。

在阶段一(模型构建阶段)，首先需要在文献调研、逻辑梳理的基础上，进行理论的探索，其次根据变量之间的因果关系界定模型的结构，最后基于统计学的分析衡量模型的可识别性。

在阶段二(估计与评鉴阶段)，首先对模型中涉及的观测变量进行抽样与测量(一般结合问卷调研)，其次基于统计学方法，最小化观测数据与估计共变结构之间的差异，以得到模型参数的估计。完成参数估计后，还需要评价模型的拟合程度，如果不满足拟合要求，则应当对模型结构进行修饰，直至模型拟合度通过检验为止。根据估计出的模型

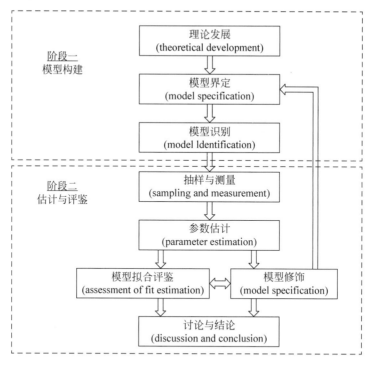

图 4-3　结构方程模型的基本程序（邱皓政 等，2008）

参数，可以讨论变量之间的相互影响，进而实证相应的管理学机理。

2. 计量经济学回归分析

计量经济学是基于理论和统计方法，从实证角度定量分析变量之间因果关系的方法。从最基础的多元线性回归开始，计量经济学领域以实践应用为导向，发展出了时间序列计量经济学、面板数据计量经济学、微观计量经济学、非参数计量经济学等多个子领域（李子奈 等，2012）。其中，在管理学乃至整个社会科学应用最广泛的当属固定效应面板数据模型（fixed-effects panel data model）[①]，其模型设定如下：

$$Y_{it} = \gamma D_{it} + \beta X_{it} + \alpha_i + \delta_t + \varepsilon_{it} \tag{4-4}$$

其中，Y_{it} 代表个体 i 在时期 t 的因变量观测值；D_{it} 代表个体 i 在时期 t 的自变量观测值；X_{it} 代表其他随时间变化的控制变量；α_i 代表个体 i 的个体固定效应；δ_t 代表时期 t 的时间固定效应；ε_{it} 是模型的残差。最后估计出的系数 γ，即为自变量 D 对因变量 Y 产生的因果效应。

为了识别无偏的因果效应（unbiased causal effect），计量模型的基本假设是条件独立性（conditional independence），即给定所有的控制变量和固定效应之后，D_{it} 与残差项 ε_{it} 无关：$\varepsilon_{it} \perp D_{it} | X_{it}, \alpha_i, \delta_t$。然而，由于现实的观测数据往往存在"遗漏变量"（即并非

① 面板数据（panel data）指的是对于多个研究个体，在多个时期都有观测值的数据结构。

所有的 X_{it} 都能被观测到），条件独立性假设经常难以满足，使得对因果效应系数 γ 的估计有偏。为了解决此内生性问题，计量经济学发展出了 3 种常用的估计策略：双重差分法（DID）、断点回归法（regression discontinuity，RD）和工具变量法（instrument variable，IV）。

双重差分法是对固定效应面板模型的拓展，其核心假设包括两点：①在给定"时间"和"个体"（或"空间"）的基础上，自变量 D_{it} 可以认为是"外生冲击"（exogenous shock）；②实验组和控制组的因变量，在政策干预之前保持长期稳定的"平行趋势"（parallel trend）。具体而言，该方法的原理如图 4-4 所示，纵坐标表示因变量 Y，横坐标表示时间，粗虚线表示受政策干预影响的处理组 A，粗实线表示不受干预的控制组 B。由于在政策干预之前，处理组和控制组之间有长期稳定的固定组间差异（"平行趋势"），可以合理外推：若没有政策干预，该固定组间差异将依然保持。因此，政策干预的因果效应可以表示为 $(Y_{A2}-Y_{B2})-(Y_{A1}-Y_{B1})$，即剔除了固定组间差异的"额外差异"。在采用计量经济学模型进行估计时，双重差分法仍遵守面板计量经济学的实证范式。

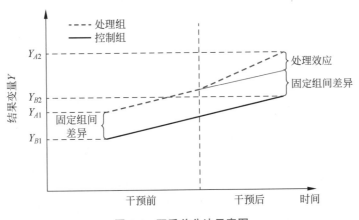

图 4-4　双重差分法示意图

断点回归法的关键在于存在某个连续变量 X，个体在该变量某个边界点两侧被政策 D 干预的概率不同。例如，要研究考上 A 大学对学生之后事业发展的影响，如果直接建立计量模型将面临严重的内生性问题，因为考上 A 大学的学生较其他学生可能更努力、更聪明等，这些因素本身就与结果变量（即"之后的事业发展"）有很强的相关性。断点回归法解决此内生性问题的思想为：假设 A 大学的高考分数线是 680 分，那么对于高考分数刚好在 680 分以上（如 681 分）和刚好在 680 分以下（如 679 分）这两批学生，能否被 A 大学录取应当是和自身条件等各因素毫无关系的，因为没有学生能够精准地选择自己的分数为 681 分或 679 分，这基本纯粹由运气决定。也就是说，对于这两批学生，"考上 A 大学"是随机事件，满足前面提到的"条件独立性"假设。因此，通过对比这两批学生的结果变量，即可得到"考上 A 大学"这一政策干预对结果变量产生的因果效应。该例体现了"精确断点回归"的思想,实践中还存在许多适用于"模糊断点回归"的情景,都可以设计相应的计量模型进行因果效应估计(Imbens et al.,2008)。

工具变量法的思路是,为了估计某内生自变量 D 对结果变量的影响,从数据中找到一个外生的工具变量 Z,使该工具变量 Z 能且仅能通过内生自变量 D 影响结果变量 Y,而且 D 单调地影响 Z,如图 4-5 所示。基于上述前提,可在计量模型中使用二阶段回归(two stage least square,2SLS):第一阶段,先将工具变量 Z 对内生自变量 D 做回归;第二阶段,将拟合得到的内生自变量 $\tilde{D}$ 对结果变量 Y 做回归,得到的回归系数即为因果效应(Angrist et al.,2008)。即:为解决自变量 D 的内生性问题,工具变量法利用外生的工具变量 Z 和自变量 D 之间的关系,拟合生成外生的 $\tilde{D}$,再进行第二阶段的因果效应估计。

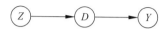

图 4-5　工具变量法示意图

3. 机器学习和因果推断

为进一步从大数据中挖掘因果关系,研究者将机器学习应用到因果推断中,提出了因果森林(causal forests,CF)、反事实回归(counterfactual regression,CFR)和贝叶斯加性回归树(Bayesian additive regression trees,BART)等基于统计机器学习、深度学习的因果效应估计方法。下面以因果森林和反事实回归为例简要介绍。

因果森林是在潜在反事实框架下,对统计机器学习算法——随机森林,进行拓展后得到的估计异质性因果效应的非参数方法(Wager et al.,2018),其基本原理如图 4-6 所示。通过决策树模型对所有的个体基于控制变量 X 进行分簇,得到在 X 的不同取值情况下,处理组($D=1$)和控制组($D=0$)中的相似个体;而后,通过对比这两组相似个体的结果变量 Y,得到该条件下的因果效应。此方法实质上是一种自适应的最近邻匹配,且被证明具有一致性和渐进正态性。

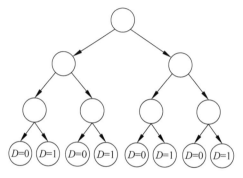

图 4-6　因果森林的原理框架

反事实回归利用深度学习强大的表示能力,根据控制变量 X 学习处理组和控制组个体的"平衡表示" Φ,并基于 Φ 对处理组和实验组的结果变量函数 Y_0 和 Y_1 分别进行拟合(Shalit et al.,2017),其原理如图 4-7 所示。综合考虑对结果变量函数的预测能力,以及处理组和控制组在"平衡表示" Φ 上面的概率积分距离(integral probability metric, IPM),确定该模型的损失函数,并采用梯度下降法求解。得到结果变量函数后,即可计算控制变量 X 在不同水平时的异质性因果效应。

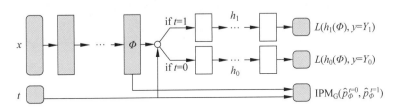

图 4-7　反事实回归的原理框架(**Shalit et al.,2017**)

随着大数据时代数据量的增大和变量维度的增加,结合机器学习的因果推断方法将会更具适应性和实用性。与计量经济学方法相比,它的优势在于突破了对模型结构(如线性模型)的假设,可以在模型不确定的前提下通过变量选择、潜变量估计、非线性函数拟合等方法进行因果推断,而且可用于估计复杂的异质处理效应。

4.2.3　应用创新的主要方法和技术

项目管理作为一项集成资源、实现目标的技术,在大数据时代的创新中也应该与具体行业的工艺流程等纯技术创新,以及商业模式和项目资源组织模式的创新紧密结合。管理研究者和实践者应当立足大数据时代,发展创新型的智能技术和管理模式,从多方面、全过程提高项目管理的效率。以工程项目管理领域为例,数字化时代的应用创新方法和技术集中在以下几个方面:

(1) 基于 BIM 的建筑物数字化。建筑信息模型(building information modeling, BIM),是对建筑物理特性和功能特性的数字化展示,如图 4-8 所示。BIM 是建筑物全生命周期信息共享的可靠基础,也为相关决策提供重要支持。数字化时代的工程项目管理应当紧密结合 BIM 技术,从设计、招标、施工、运营等多个方面,开发兼容的数据接口,实现多方协同和整体优化。

(2) 基于预制-装配技术的建筑工业化。预制-装配技术指建筑的部分或全部构件在工厂预制完成,运输到施工现场,并通过可靠的连接方式组装建成,如图 4-9 所示。预制-装配技术有利于节约资源、减少施工污染、提升劳动生产效率和质量安全水平,有利于促进建筑业与信息化工业化融合、培育新产业和消解过剩产能。利用大数据时代的信息采集、存储和处理能力,工程项目管理应适应预制-装配技术,优化预制件品控、物流运输、装配施工等多个环节,全面提升建筑工业化的生产效率。

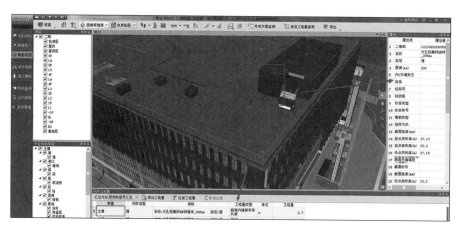

图 4-8　广联达 BIM5D 施工精细化管理平台（来源：广联达官网）

图 4-9　"预制夹心保温一体化外墙"装配过程（来源：澎湃新闻）

（3）基于新交付模式的项目组织结构创新。建设-经营-转让（build-operate-transfer，BOT）和政府-社会资本合作（public-private-partnership，PPP）是私人组织参与公共基础设施项目的交付模式。在此类模式下，部分政府责任以特许经营权的方式转移给企业，政府与企业建立"利益共享、风险共担、全程合作"的共同体关系（如图 4-10 所示），在减轻政府财政负担的同时，能够更好地集成企业的管理能力以提高总收益。数字化时代的新交付模式，应结合理论模型、数据挖掘和智能决策等方法，精细量化各方责权、风险和收益，以最大程度地实现合作共赢。

（4）人机行为的数字化。工程建设行业是劳动力密集型行业，在项目执行过程中，不仅要掌握项目外部环境和整体的进展情况，也需要对人员和机械进行细粒度管理。大数据时代的智能技术为细粒度管理提供了方法支撑，例如，利用可穿戴设备、视频监控等技术采集人机行为数据，通过人工智能方法（如机器学习技术）进行行为识别，从而

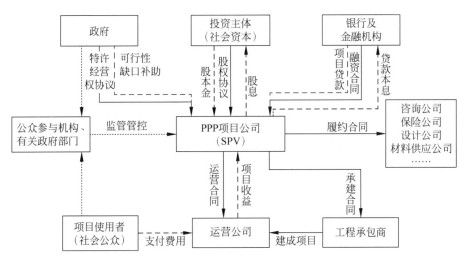

图 4-10 PPP 模式项目组织结构图 (杨晓冬 等,2019)

使具体到单个工人、单个机械的生产绩效、安全绩效的精细评价成为可能。因此,工程项目管理应借助人机行为数字化,开发细粒度、产品级的项目管理解决方案,并结合项目整体目标进行系统优化,以更好地实现项目目标,如图 4-11 所示。

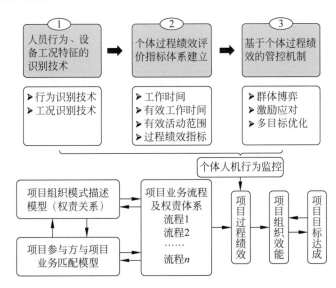

图 4-11 基于工作流及人机行为的工程项目管理框架

(5) OE 中的数字化适应能力。组织使能因素(organizational enablers,OE),包括支撑组织发展和能力提升的各项因素,如组织结构、文化、技术和人力资源最佳实践等,是持续提升组织能力的关键。在大数据时代,基于实践过程中积累的组织过程资产(如工作文档、项目数据等),采用数据库、文本挖掘等技术,深入分析使能因素的现状并开发优化使能因素配置的方法,能够更高效地集成资源,进而促进组织成长。因此,数字化适应能力(如图 4-12 所示)将成为大数据时代项目型组织 OE 的核心内容。

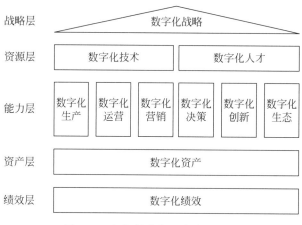

图 4-12　组织数字化适应能力框架

4.3　大数据管理创新的应用案例

为具象化地阐述基于大数据的智慧管理内涵和价值,本节根据笔者及团队在工程项目管理领域开展的研究,介绍 3 方面的具体研究和应用案例。

4.3.1　基于网络舆情的社会风险监控

大型基础设施项目具有投资大、历时长、影响范围广等特点,其管理不当导致的社会、经济和自然环境问题日益凸显,由此产生的严重社会风险成为决定项目成败的关键因素。大型基础设施项目的社会风险,不仅来自项目所在地受到直接影响的居民,还往往来自更广泛的公众态度和意见。这些集中在同一个公共议题上,反映大多数人共同利益的态度和意见汇聚成的公众舆论,尤其是随着互联网和社交媒体发展而逐渐占据主导地位的网络舆论,需要管理者重点关注和持续监控,以合理管控项目的社会风险。

大型基础设施项目的舆论数据,特别是网络舆论数据,体现为多源的、非结构化的文本,而且随着项目进展具有较大的时变性。为分析多源、长时、非结构化的网络舆论,笔者及课题组基于情感分析技术和主题模型技术,开发了大型基础设施项目网络舆论的评价框架和技术方法,从讨论热度、情感极性和主题分布 3 方面对大型基础设施项目的网络舆论状态进行描述、分析和评价,如图 4-13 所示(Jiang et al. ,2016)。

然后,利用新浪微博数据,以三峡工程、南水北调工程为例,验证了该框架和技术分析方法的可行性,分析结果反映出了三峡工程和南水北调工程网络舆论的主要特征(Jiang et al. ,2016;Zhang et al. ,2018)。

1. 三峡工程的网络舆论分析结果

对三峡工程的网络舆论分析数据来源为 2013 年 6 月 1 日—2015 年 5 月 31 日,以

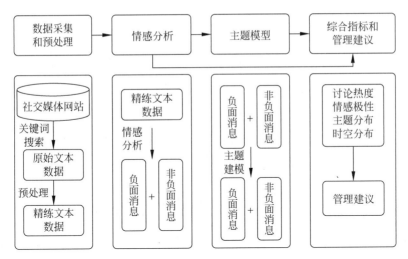

图4-13 某大型水利水电工程项目社交媒体舆论评价框架

"三峡工程"或"三峡大坝"为搜索关键词获取的171615条微博。基于文本分析结果,以下从讨论热度、情感极性和主题分布3方面展示对三峡工程的社交媒体舆论评价。

1)讨论热度分析结果

讨论热度是最直接的描述网络舆论流行程度的指标,直接对微博条数进行计数得到,并且可以结合时间、省份等元数据得到更为细致的时空分布结果。

图4-14展示了三峡工程讨论热度的时间分布。可以看出,三峡工程在微博上是一个持续的热门话题,平均每月有7151条微博提到"三峡工程"或"三峡大坝"。同时,图4-14也展示出三峡工程网络舆论的时间异质性,在2013年6月—2015年5月的两年间,三峡工程的微博讨论出现了6个月微博数超过10000条峰值(如2014年3月),这与各时点关于三峡工程的热点新闻报道有关。

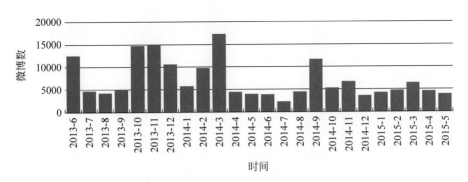

图4-14 三峡工程微博讨论热度时间分布

2)情感极性分析结果

本研究采用基于词典和语法匹配的中文情感分析算法,来确定每条微博的情感值和情感极性。就全体微博信息而言,其正面比例为0.540,这说明三峡工程在微博舆论场的整体评价较为正面。

情感分析的结果显示,除去背景热度较低的省份,湖北(三峡大坝所在地)和重庆(三峡水库大部分区域所在地)关于三峡工程的网络舆论是最为积极的。湖北和重庆受到三峡工程的影响是多方面的:首先,三峡工程的最主要功能——防洪功能的最大受益者是长江中游沿岸的居民,而湖北省的几个重要城市,包括武汉、宜昌、荆州等,都位于长江中游,受到三峡工程的保护。与此同时,三峡工程带来的旅游效益、供水、渔业以及带动就业等效益主要由重庆和湖北的居民分享。但同时也要注意到,三峡工程的移民主要来自重庆和湖北,库区的生态及地质灾害影响也发生在这两个省份。然而,综合上述两方面影响,湖北和重庆关于三峡工程的网络舆论仍然是最为积极正面的。

图 4-15 展示了三峡工程微博讨论的情感极性时间趋势。可以看出,无论是情感均值还是非负面情感比例,其变化趋势具有一定的季节性,即在夏季(7 月和 8 月)和年末(12 月)较低,而在秋季(9 月和 10 月)和春季(5 月)较高。夏季较低的原因可能是受汛期的影响,当汛期到来时,三峡工程的防洪功能会受到人们的关注,然而这一功能却长期被媒体误读,引起公众的负面情绪。年末则是中国审计和总结的时间,容易让人关注到与三峡工程费用有关的话题,从而引发负面情绪。而秋季和春季则是旅游旺季,去三峡大坝旅游的人较多,通过现场真实感受表达出的相关情绪也更为正面。

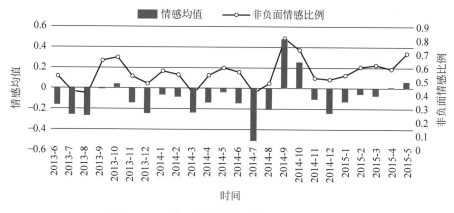

图 4-15　三峡工程微博讨论情感极性时间趋势

3)主题分布分析结果

本研究采用 LDA 对负面微博文本和非负面微博文本分别进行主题建模,得到两组话题分布,从而推断出公众对三峡工程正面讨论的集中点以及负面讨论的主要诉求。

经分析,三峡工程网络舆论的负面主题与自然环境(如"地震""地质灾害风险"等)和政治社会(如"利益集团""军事威胁"等)有关,且反映出的问题与科学研究存在偏差。例如,在没有可靠证据的情况下,将西南地区发生的地震归因于三峡工程,夸大齐岳山断裂带的风险,误读三峡大坝的防洪能力等。

三峡工程网络舆论的正面主题主要包括旅游、工程建设和成就等方面。旅游相关的9个主题包括"三峡旅游""免门票""神农架旅游"和"中国旅游"等内容,这9个主题在非负面微博集合中所占的比例为33.52%;三峡工程建设和成就相关的10个主题包括"工程建设过程""工程规模""防洪功能""蓄水和通航""蓄水规模""投资回报""库区治理""三峡基金""中国水利工程"和"航运功能"内容,这10个主题在非负面微博集合中所占的比例为49.67%。囿于篇幅限制,表4-1仅展示"三峡工程建设和成就"这一类主题的名称、高频词及其在语料中所占比例。

表4-1　三峡工程建设和成就相关的非负面主题

主　题	高　频　词	比　例
工程建设过程	开工、正式、总理、进行、年月日、国务院、验收、竣工、主持、会议、建设、论证、批准、举世瞩目、准备	3.22%
工程规模	工程、最大、下游、世界、水利枢纽、位于、宜昌市、湖北省、葛洲坝、境内、水电站、三斗坪、公里、景观、水利	2.82%
	世界、大坝、最大、中国、水利、水电站、历史、刚果、建成、发电、电站、发电量、目前、泄洪、开工	4.34%
防洪功能	洪水、宜昌、万年、一遇、抵御、嘻嘻、看到、今天、秭归、长江、爱你、新闻、武汉、看看、鼓掌	5.10%
	防洪、荆江、亿立方米、长江、浏览、工程、标准、年月日、投资、进行、提高、计划、亿元、建设、百年一遇	3.32%
蓄水和通航	长江、目前、蓄水、工程、航道、水位、能力、进入、通航、建成、达到、试验性、三峡水库、伟大、航运	2.98%
蓄水规模	蓄水量、亿立方米、地球、美国、武汉、院士、胡佛水坝、张光斗、青海湖、五大湖、该排、指导、偏移、逝世、咨询	4.39%
投资回报	投资、成本、收回、景点、王儒述、亿元、免门票、三峡集团、收入、北京、年月日、售电、顾问、建设、委员会	3.06%
库区治理	工作、重庆、库区、防治、验收、最终、灾害、地质、三期、质量、工程、人民、承诺、表示、情况	3.13%
三峡基金	亿元、湖北、全国、全国人民、建设、基金、交给、超过、灵秀、媒体、网络媒体、特别、征收、老百姓、电费	2.69%
中国水利工程	中国、工程、大坝、建设、南水北调、问题、国家、发展、科学、专家、现在、环境、项目、移民、照片	6.86%
航运功能	当年、影响、工程、船闸、长江、中国、记者、重庆、经济、两步、生态、专家、航运、立赞、问题	7.76%

2. 南水北调工程的网络舆论分析结果

对南水北调工程的网络舆论分析数据来源为2011年6月1日—2015年12月31日,以"南水北调"为搜索关键词获取的220782条微博。基于文本分析结果,以下从讨论热度、情感极性和主题分布3方面展示对南水北调工程的社交媒体舆论评价。

1)讨论热度分析结果

研究发现,不同地区的讨论热度与其利益关联程度有关。根据热度统计,热度最高的 10 个省(直辖市)为:北京、河南、广东、湖北、上海、江苏、山东、河北、浙江、陕西。其中,江苏、山东处在南水北调工程东线上;上海、浙江在东线工程水源地附近;湖北、河南、河北、北京在南水北调工程中线上;陕西位于汉江上游,其用水引自汉江,而汉江是南水北调中线工程的水源;广东是中国南方最活跃的省份,人口基数大,关注国家的政策与发展。

2) 情感极性分析结果

本研究采用机器学习算法(支持向量机)训练分类模型,用于对微博文本的情感分类。结果显示,非负面微博的比例为 57%,说明整体公众舆论的情感较为正面。进一步分析舆论情感的空间分布,结果显示:首先,南方省(直辖市)的情感值明显低于北方,说明南水北调工程人为将南方水源引到北方,南方民众的情感值不高,而调入区省(直辖市)的情感值则普遍较高,比如河北、山东、河南等;其次,江苏是南水北调东线工程的主要水源地,其水质和水价都受影响,因此舆论情感低于平均水平,而且与江苏相邻的浙江和上海同处淮河流域,也受到东线工程的影响导致其舆论情感值较低;最后,作为南水北调中线工程的主要水源地,湖北和陕西的情感值则较高,经调查发现,中线水源地民众的饮用水质和水价未受太大影响,而且湖北和陕西关于南水北调的正向宣传活动较多,因此提高了当地的公众支持水平。

图 4-16 展现了公众舆论情感的月度变化。可以看出,项目后期的舆论情感值明显高于前期,自 2014 年 9 月,月度情感值一直高于总体平均值,这可能是因为工程建设顺利及项目投入运行产生了正面效果,使得公众的前期质疑逐渐消除;相比于秋、冬季,春、夏季的舆论情感值更偏负向,这可能是因为春季和夏季的洪水、干旱等自然灾害频繁,而且是施工高峰期,容易引发公众的负面情感。

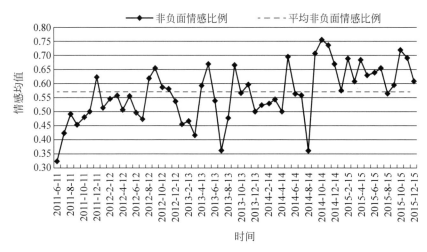

图 4-16 南水北调工程微博讨论情感极性时间趋势

3) 主题分布分析结果

采用 LDA 主题模型对所有微博文本分别进行主题建模,基于统计指标和语义解析,得到包含 17 个主题的模型,其主题名和高频词如表 4-2 所示。

表 4-2　南水北调工程的舆论主题

主 题 名	前 10 个高频词
惜水	资源、家乡、水源、人民、保护、用水、支持、节约、感恩、传递
工程及工期	工程、中线、通水、建设、配套、天津、干渠、完工、完成、主体
保护自然	三峡、中国、应该、自然、专家、可能、起来、破坏、已经、爱心
水价	水价、北方、城市、问题、缺水、水资源、居民、南方、成本、解决
供水	供水、长江、通水、水厂、正式、亿立方米、江水、河北、北京市、黄河
水质、环境及生态	生态、环境、水质、污染、工作、发展、经济、污水、环保、中心
宣传活动	活动、陕西、源头、电影、参观、天河、安康、毛泽东、举行、鼓掌
水源地	丹江口、水库、中线、水源、丹江、十堰、源头、湖北、库区、清水
暴雨	北京、知道、世界、今晚、暴雨、地铁、效果、积水潭、私家车、明白
移民	移民、南阳、河南、生活、搬迁、湖北、淅川县、工作、牺牲、土地
中线工程	郑州、焦作、垃圾、过程、年月、交通、大桥、郑州市、施工、运河
工程规划及投资	中国、国家、工程、建设、亿元、投资、项目、三峡、中线、长江
干旱	河南、地区、影响、已经、干旱、严重、部分、抗旱、进行、造成
社会问题	关注、不能、问题、网友、社会、来自、人口、方面、补偿、老百姓
媒体报道	新闻、视频、看到、报道、首都、时间、主任、媒体、日报、中央
文物保护	工程、政府、地方、中线、文物、山东、终于、文化、历史、百年
工程建设	工程、河南、村民、中国、施工、消息、大量、当地、近日、凤凰

进一步的研究发现,各个地区关注的主题和自身利益密切相关:北京作为受水方,最关注暴雨和供水问题;河南是中线工程经过的重点省份,也是移民的重点省份,因此对中线工程和移民讨论最多;江苏是东线工程的起点,当地水价、水质受到影响,因此对水价和水环境比较在意;山东是东线工程主要受水区,是最大的受益者之一,所以关注南水北调的水质、工程规划、工程工期、供水和水价;河北是中线工程受水区,其公众讨论也侧重于供水和工程工期。而且,公众舆论主题也受到政策变动、热点事件的影响,比如北京水价政策发布后,水价成为占比最大的主题;中线工程通水后,供水、工程及工期得到了更多关注。

4.3.2　社会网络和协作行为机理分析

组织内部或项目环境中都涉及复杂多样的协作行为,虽然这些协作行为对于组织成长和项目成功都可能产生各方面的影响,但是传统的管理学研究囿于数据和方法限制,常常将研究对象当成孤立的个体。本节介绍两项在数据驱动的背景下,对社会网络和协作行为的机理研究。

1. 企业内部的知识分享行为机理研究

随着建筑技术的快速发展和日益增加的复杂项目需求,建筑行业变得越来越知识密集。组织成员之间的有效协调和知识分享成为组织竞争力的两个关键推动因素,而且这两个因素之间可能也存在相互关联。从理论上讲,成员的协调行为会影响他们获取信息、提炼知识和参与知识分享的能力;反过来,知识分享网络中的活跃成员能及时处理信息和有价值的知识,也是有效协调的基础。虽然之前的研究探讨了知识分享和协调行为的关系,但对二者之间的因果关系识别尚不清楚。这导致管理者无法确定是否可以通过加强协调来促进知识分享,或者通过激励知识分享来促进有效的协调行为。

本研究基于安然公司(电力领域的大型工程公司,典型的项目型组织)的真实数据,结合社会网络分析(social network analysis,SNA)、文本挖掘技术和纵向结构方程模型,来提取相关特征并实证分析知识共享和协调行为之间的因果关系,以弥补这一研究空白(Wen et al.,2016)。

1)知识分享网络提取

本研究从安然公司 1998—2002 年组织成员之间的 78291 封电子邮件记录中提取知识分享网络。具体而言,将电子邮件定义为从发送者到接收者的纽带,按季度建立了安然公司个体之间的知识分享网络。发送邮件的数量被定义为个体之间纽带的权重,组织成员在知识分享网络中的位置表明他们分享知识的活跃程度。为分析成员在网络中的不同角色,本研究采用了中介中心性、紧密中心性和度中心性 3 项网络指标。

2)协调行为量化提取

根据协调理论,协调行为包括 4 类:管理共享资源、管理生产/消费者关系、管理同时性约束和管理任务/子任务依赖性。本研究从电子邮件文本中量化提取协调行为,包括 5 个步骤:

(1)每次随机选择 200 封电子邮件作为训练数据,提取反映协调特征的关键短语,反复迭代直至关键短语的集合没有进一步增加;

(2)对最终产生的 1400 条训练数据和随机选取的 1400 条测试数据,标注其中包含的 4 类协调行为;

(3)采用机器学习模型 SVM 训练分类器,根据关键短语预测协调行为;

(4)根据关键词语总使用频率的对数,对关键词语赋予不同的权重;

(5)基于关键短语权重,计算每封电子邮件中 4 类协调行为的得分,并在个体层面进行加总,以量化不同组织成员的协调行为。

3)知识分享和协调行为的相互影响

图 4-17 显示了第一阶段(2000 年第 3 季度)的知识分享网络及协调行为得分。职级较高的成员用较大的数字及较深的颜色表示,共分为 8 个职级;成员的总协调得分用

节点大小表示。可以看出，协调得分较大的成员（即更大的节点）往往在知识分享网络中占据中心位置，而较高职级的成员则分散在网络中，说明网络位置与协调行为的关系密切，但与正式的组织职级关系不大。

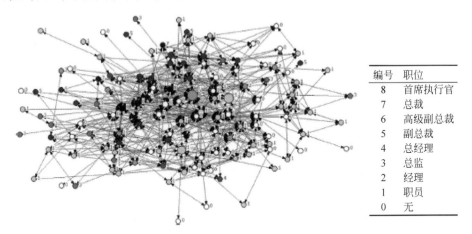

编号	职位
8	首席执行官
7	总裁
6	高级副总裁
5	副总裁
4	总经理
3	总监
2	经理
1	职员
0	无

图 4-17 安然公司知识共享网络（第一期：2000 年第 3 季度）

为了定量化地研究知识分享与协调行为的相互影响，利用纵向结构方程模型对知识分享与协调行为进行建模和分析，结果如图 4-18 所示。可以看出，协调行为促进了知识分享，而知识分享反过来对协调没有显著贡献。从理论上讲，这实证了协调行为是知识分享的前提，而知识分享无法显著促进协调行为；从实践上看，这启发了组织管理者可以通过改善成员之间的协调行为，以提高组织内部的知识分享，进而推动组织过程资产的积累和组织能力的发展。

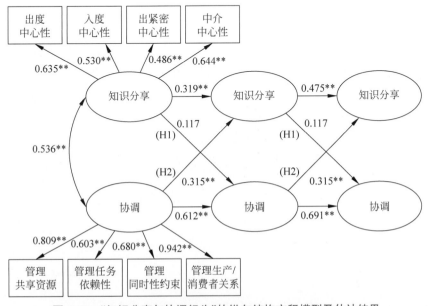

图 4-18 "知识分享与协调行为"的纵向结构方程模型及估计结果

注：** 表示显著性水平 $p < 0.001$。

2. 项目执行中的"业主-监理"协作

随着工程项目复杂度的提高,如何在项目执行过程中有效利用监理机构的专业咨询能力成为重要的理论和实践问题。一方面,业主希望监理向其提供"知识密集型"的服务,但二者之间的组织边界使得监理向业主转移知识的频率远低于预期,亟须更加充分的能力集成机制;另一方面,对监理服务价值的怀疑可能使得业主对监理的授权不足,进而限制了对监理咨询能力的充分利用。

为此,本研究针对项目执行过程中的业主与监理协作,探索业主与监理能力的整合方式以及授权机制对能力整合的影响(Wen et al.,2017)。首先,通过对代表性工程项目员工的实地访谈和问卷调研,采集了不同组织的管理流程以及在管理协作中扮演的角色,然后采用社会网络分析技术进行展示和分析。该项目的业主方由7个职能部门组成,包括集成管理部(InMD)、财务管理部(FMD)、移民管理部(ImMD)、合同管理部(CMD)、工程管理部(EMD)、总工程师办公室(CEMO)和董事长办公室(DMO),项目管理过程主要由这些部门与监理方(CMC)、施工方(contractor)和设计方(designer)协作执行。基于项目所有阶段的协作关系,建立各个组织之间的协作网络如图4-19所示。可以看出,业主方的4个核心部门(ImMD、CMD、EMD和CEMO)分布在网络中心,而其他组织则分散在网络周边。监理方、设计方和业主方的4个核心部门组成"设计协作簇"(design clique),监理方、施工方和业主方的4个核心部门则组成"施工协作簇"(construction clique),二者的交集包括监理方和业主方的4个核心部门,直观地说明了"业主-监理"协作的重要性。对工作人员的定性访谈也佐证了此现象。

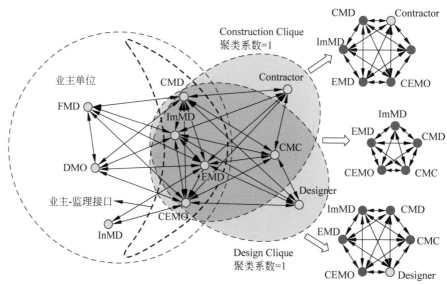

图 4-19 某项目中组织之间的协作网络

为定量研究业主与监理能力整合对项目执行绩效(包括灵活性、风险控制、"责任-能力"匹配等)的影响,进一步建立结构方程模型对来自多个项目的问卷调研数据进行分析,结果如图 4-20 所示。可以发现,业主能力和监理能力对项目执行绩效都有显著的直接正向影响;业主对监理的授权有助于提高监理能力促进项目执行绩效的程度,但并不影响业主能力促进项目执行绩效的程度。这说明在"业主-监理"协作中,对监理的授权有助于充分利用监理的专业咨询能力,同时也并不会妨碍业主能力的发挥。

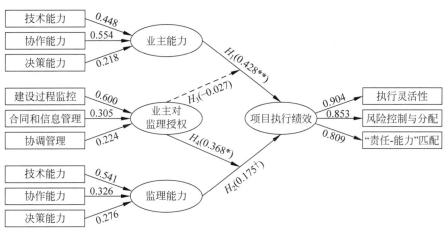

图 4-20 "能力整合与项目执行绩效"的结构方程模型及估计结果

注:†表示显著性水平 $p<0.1$,* 表示 $p<0.01$,** 表示 $p<0.001$。

4.3.3 基于大数据的细粒度项目管理

工程项目具有投资大、周期长、现场环境复杂等特点,传统的管理方法大多依赖人工,难以实现对成本、安全、效率和质量等各方面的精准管控。

因此,本节立足于对细粒度项目管理方法的研究,基于数据建模、实时监控和人工智能等大数据时代的关键技术,从项目费用管理、劳动力耗量测度以及施工行为识别及管理等 3 方面,介绍相应的研究和应用,为提高工程项目各方面的管理效率提供方法支撑。

1. 基于细粒度工种的项目费用管理

本研究以水利工程为例,提出了一套对项目费用的消耗过程进行细粒度管理的方法,包括项目细分及量化、标准化建模和过程控制 3 个步骤。

1) 项目细分及量化

水利工程项目规模大、组成复杂,如果直接在项目层次研究费用消耗,必将导致较大的数据建模误差。因此,本研究按照现行的水利水电工程概预算编制办法对项目进行细分,如图 4-21 所示。可以发现,第三级项目已基本细化到工种层次,项目之间具有足够的可比性。为排除项目工期内的价格波动,本研究采用水电工程价格指数进行价格水平修正,来保证项目费用量化在时间维度上的可比性。

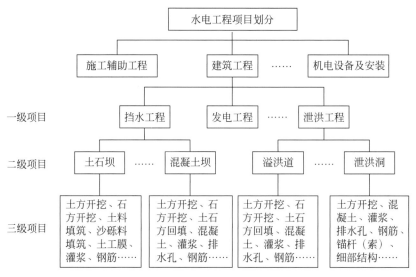

图 4-21 水利工程项目划分示意图

2) 标准化建模

本研究将 S 曲线的分析方法引入工程项目管理领域,对费用消耗过程进行标准化建模,基于已完工的实际工程投资数据进行参数估计,以确定费用消耗(即资金流)的基准线(李果,2009; 李果 等,2010)。具体到本研究,S 曲线指的是以时间为横坐标绘制的累积费用的曲线图。根据工程建设一般规律,项目开始时进度比较缓慢,随着大量资源的投入建设速度加快,收尾时又逐渐收敛、趋于平缓,呈现出首尾较平缓、中间较陡峭的"S"形,故称之为 S 曲线。

综合考虑模型的简洁性、准确度和计算难易程度,本研究在单位工程(二级项目)的层次上对费用的消耗过程进行标准化建模,单位工程的费用由各细粒度工种的费用累计得到。具体而言,本研究采用 Logit 模型(logit model)模拟 S 曲线的形态,并从三峡工程中选取了 30 个不同类型的单位工程,收集其 2000—2008 年每月的工程投资数据作为样本,采用回归分析方法对 S 曲线进行模型拟合和参数估计,图 4-22 为某单位工程资金流的 S 曲线拟合结果。结果表明,本研究中运用的 S 曲线模型适用范围广、计算精度较高,能够很好地模拟各种不同的曲线形态和现实资金流情况。得到单位工程的标准化资金流曲线后,通过逐级累加即可获得以上各层级的资金流基准线。

在实际运用中,需要有完善的数据库支持才能够比较好地运用 S 曲线模型。通过收集大量不同类型单位工程的实际投资数据,分析统计规律,按照不同的分类给出建议的方程系数,就能在初步设计阶段模拟项目建设期间的资金流情况,形成费用消耗的基准线。

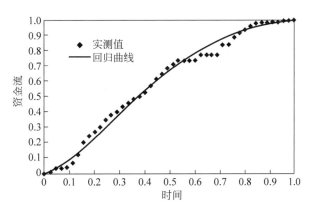

图 4-22 某项目资金流实测值与回归曲线

3）过程控制

通过标准化建模得到资金流的基准线后，即可在项目建设过程中对费用消耗进行控制，帮助业主更加科学合理地进行资金筹集和费用控制，有助于提高资金使用效率、优化项目进度管理。

在工程实践中，项目管理者可基于资金流基准线，根据实际情况制定费用管控的具体原则和制度。例如，可采用 PMBOK 提出的控制图，用于在建项目的资金流和进度的监控。控制图的定义是：按时间顺序展示过程数据，并将这些数据点与既定的控制界限相比较的一种图形（PMI，2009）。如图 4-23 所示，控制图有一条中心线（"平均值-目标"），即为项目资金流的基准线。控制上限和下限反映了需要采取纠正措施的偏离程度（如+5％和-5％），规格上限和下限则是允许偏离基准线的最大值和最小值（如+10％ 和-10％），控制界限和规格界限由管理者根据实际情况设定。在工程建设过

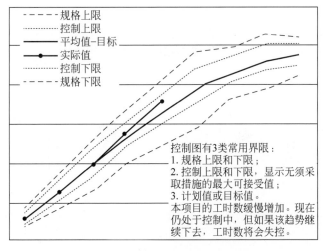

图 4-23 控制图示例（PME，2009）

程中,如果实际的费用消耗在控制界限(如 $-5\%\sim+5\%$)之内,则无须干预;如果实际的费用消耗超出了控制界限,但依然在规格界限(如 $-10\%\sim+10\%$)以内,则需要对项目进度和费用消耗采取纠正措施,防止其进一步超出规格界限;如果实际的费用消耗超出了规格界限,则意味着项目进度可能出现了重大问题,需要引起重视、查清问题并制定相应的解决方案。

2. 基于实时追踪技术的劳动力耗量测度系统

传统的水利工程项目管理系统在劳动力耗量测度及管理方面存在明显不足:由于大型工程项目的具体范围并不能总是预先完全定义清楚,而且劳动力消耗具有密集性和动态性的特点,业主和监理难以准确了解所涉及的人材机消耗量及对应的工作时间。一方面,这可能导致业主和承包商在劳动力消耗索赔和付款上的争议;另一方面,劳动力的投入和工程质量密切相关,缺乏测度劳动力消耗的有效方式也会影响工程质量管控。

为此,本研究开发了基于实时追踪技术(包括 GPS、GIS 和无线网络技术)的大型工程项目劳动力耗量测度系统(Jiang et al.,2015),其框架如图 4-24 所示。该系统分为3 层:数据采集与传输层、数据存储与处理层、显示与应用层。使用该系统,业主和施工主管可以通过计算机或智能手机实时跟踪施工现场的所有工人。而且,通过设置查询条件,管理人员可以获取不同时期、不同类型的劳动力数量及工作时间,并可视化现场的劳动力消耗状态。

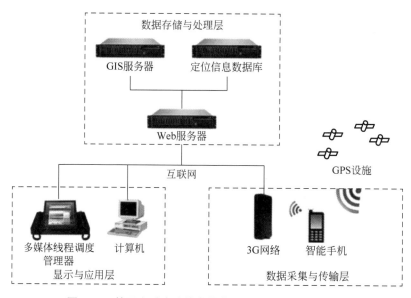

图 4-24 基于实时追踪技术的劳动力消耗测量系统架构

此测量系统提供了工程现场实时、定量和准确的劳动力消耗信息,定量监控工程实施过程,并协助解决业主、监理与承包商的付款争议,且为管理者提供了充分的质量管理信息。该系统首先应用于世界第三大水电项目,现场测试结果显示其能够准确地追踪工人的工作轨迹,并计算出工程现场各个部位的准确劳动力消耗,证明了该系统的可行性和有效性。

3. 基于细粒度工作过程的行为识别及管理

细粒度的工人行为数据是对工程质量、安全和效率进行有效管理的重要基础。如何高效地对细粒度施工过程的工人行为进行实时识别和监控,是学者和应用界普遍关注的基础问题。传统的监控方法通常基于人工监督或视频摄像,存在成本高、范围小、难以精确到个人、数据处理困难等问题。近年来,加速度传感器在行为识别方面的应用为解决这一问题提供了思路。

本研究利用可佩戴的三轴加速度传感器和机器学习算法,在工地现场的条件下对钢筋工的行为识别进行探索,得出了一套初步的方法(强茂山 等,2017)。具体过程如图 4-25 所示,在工地现场将加速度传感器佩戴在钢筋工的手腕上,采集其工作过程的加速度数据,并同步拍摄视频以记录相应时段的工作行为,而后基于支持向量机、BP 神经网络和决策树等机器学习算法,训练基于加速度数据的工人行为分类模型。

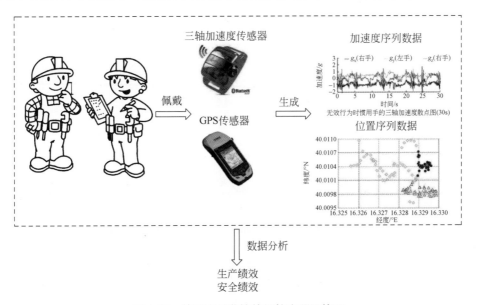

图 4-25　基于实时监控的细粒度项目管理

经多次实验,机器学习模型对钢筋工行为的识别精度达到了 85.9%,证明了此方法的有效性。该方法可供其他工种行为识别借鉴,为实现施工行为的实时监控提供了基础。在应用层面,相比于人工和视频监督,基于加速度传感器的行为识别可以节省人工成本,且不受光线、障碍物等环境限制。根据此方法进一步建立细粒度的监控系统,可定量分析生产绩效并实时提醒工人的危险及低效行为,有助于提高施工过程的安全、效率和质量管理。

4.4　本章小结

　　本章聚焦"基于大数据的智慧管理"，首先结合研究和实践需求阐明了大数据管理创新的内涵，提炼了大数据赋能项目管理在现状刻画、机理挖掘和管理应用3方面的主要价值；其次，从文本分析、机理挖掘和应用创新3个方面，阐述了大数据管理创新涉及的主要方法和技术及其适用情境，为相关研究和实践提供了方法支撑和有效工具；最后，介绍了大数据管理创新的具体研究和应用案例，包括基于网络舆情的社会风险监控、社会网络和协作行为机理分析、基于大数据的细粒度项目管理，为相关研究和实践提供了具体的案例参考。

参 考 文 献

洪永淼,汪寿阳,2021. 大数据如何改变经济学研究范式?[J]. 管理世界,(10)：40-55,72.

李果,2009. 水利工程建设投资资金流S曲线预测方法研究[D]. 北京：清华大学.

李果,强茂山,2010. 水利工程资金流曲线分类[J]. 清华大学学报(自然科学版),(9)：1374-1377.

李子奈,叶阿忠,2012. 高级应用计量经济学[M]. 北京：清华大学出版社.

强茂山,张东成,江汉臣,2017. 基于加速度传感器的建筑工人施工行为识别方法[J]. 清华大学学报(自然科学版),57(12)：1338-1344.

邱皓政,林碧芳,2008. 结构方程模型的原理与应用[M]. 北京：中国轻工业出版社.

杨晓冬,张家玉,2019. 既有建筑绿色改造的PPP模式研究：演化博弈视角[J]. 中国软科学,3：183-192.

ANGRIST J D,PISCHKE J S,2008. Mostly harmless econometrics[M]. Princeton：Princeton university press.

BEEL J,GIPP B,LANGER S,et al. ,2016. Research-paper recommender systems：a literature survey[J]. International Journal on Digital Libraries,17(4)：305-338.

CHANG J,BLEI D,2009. Relational topic models for document networks[C]//Artificial Intelligence and Statistics. PMLR：81-88.

DEVLIN J,CHANG M W,LEE K,et al. ,2019. BERT：pre-training of deep bidirectional transformers for language understanding[C]//Proceedings of the 2019 Conference of the North American Chapter of the Association for Computational Linguistics：Human Language Technologies：4171-4186.

DUMAIS S T,2013. Latent semantic analysis[J]. Annual Review of Information Science and Technology. 4(6)：683-692.

GRIFFITHS T L,STEYVERS M,2004. Finding scientific topics[J]. Proceedings of the National Academy of Sciences,101(suppl_1)：5228-5235.

HOFFMAN M D,BLEI D M,WANG C,et al. ,2013. Stochastic variational inference[C]. Journal of Machine Learning Research,14(5)：1303-1347.

HOFFMAN M,BACH F,BLEI D,2010. Online learning for latent dirichlet allocation[C]. Advances in Neural Information Processing Systems,23,856-864.

IMBENS G W,LEMIEUX T,2008. Regression discontinuity designs：A guide to practice[J]. Journal of Econometrics,142(2)：615-635.

JIANG H,LIN P,QIANG M,et al. ,2015. A labor consumption measurement system based on real-time tracking technology for dam construction site[J]. Automation in Construction,52：1-15.

JIANG H,LIN P,QIANG M,2016. Public-opinion sentiment analysis for large hydro projects[J]. Journal of Construction Engineering and Management,142(2)：05015013.

JIANG H,QIANG M,LIN P,2016. Assessment of online public opinions on large infrastructure projects：A case study of the Three Gorges Project in China[J]. Environmental Impact Assessment Review,61：38-51.

KIROS R,ZHU Y,SALAKHUTDINOV R R,et al.,2015. Skip-thought vectors[C]//Advances in neural information processing systems：3294-3302.

LE Q,MIKOLOV T,2014. Distributed representations of sentences and documents[C]//International conference on machine learning. PMLR：1188-1196.

LEVY K E C,FRANKLIN M,2014. Driving regulation：Using topic models to examine political contention in the US trucking industry[J]. Social Science Computer Review,32(2)：182-194.

LI J,SUN A,HAN J,et al.,2020. A survey on deep learning for named entity recognition[J]. IEEE Transactions on Knowledge and Data Engineering,34(1)：50-70.

LOUGHRAN T,MCDONALD B,2016. Textual analysis in accounting and finance：A survey[J]. Journal of Accounting Research,54(4)：1187-1230.

MIAO Y,GREFENSTETTE E,BLUNSOM P,2017. Discovering discrete latent topics with neural variational inference[C]//International Conference on Machine Learning. PMLR：2410-2419.

MIKOLOV T,CHEN K,CORRADO G,et al.,2013a. Efficient estimation of word representations in vector space[C]//International Conference on Learning Representations. Scottsdale,USA：1-12.

MIKOLOV T,SUTSKEVER I,CHEN K,et al.,2013b. Distributed representations of words and phrases and their compositionality[C]//Advances in neural information processing systems：3111-3119.

MIKOLOV T,YIH W T,ZWEIG G,2013c. Linguistic regularities in continuous space word representations [C]//Proceedings of the 2013 conference of the north american chapter of the association for computational linguistics：Human language technologies：746-751.

RAJARAMAN A,ULLMAN J D,2011. Data Mining. Mining of Massive Datasets[M]. pp. 1-17. doi：10. 1017/CBO9781139058452. 002. ISBN 978-1-139-05845-2.

RAJARAMAN A,ULLMAN J,2011. Data mining. in mining of massive datasets. Cambridge：Cambridge University Press.

RIVERA M,QIU L,KUMAR S,et al.,2021. Are traditional performance reviews outdated? An empirical analysis on continuous,real-time feedback in the workplace[J]. Information Systems Research,32(2)：517-540.

ROBERTS M E,STEWART B M,TINGLEY D,2019. Stm：An R package for structural topic models[J]. Journal of Statistical Software,91(1)：1-40.

SHALIT U,JOHANSSON F D,SONTAG D,2017. Estimating individual treatment effect：Generalization bounds and algorithms[C]//International Conference on Machine Learning. PMLR：3076-3085.

SHEN Y,LI S,ZHENG L,et al.,2009. Emotion mining research on micro-blog[C]//2009 1st IEEE Symposium on Web Society. IEEE.

SILVA F B,WERNECK R O,GOLDENSTEIN S,et al.,2018. Graph-based bag-of-words for classification [J]. Pattern Recognition,74：266-285.

SUN J,2012. Jieba' Chinese word segmentation tool [CP/OL]. https://github. com/whtsky/jieba.

TABOADA M,BROOKE J,TOFILOSKI M,et al.,2011. Lexicon-based methods for sentiment analysis [J]. Computational Linguistics,37(2)：267-307.

VOUTILAINEN,A. 2003. Part-of-speech tagging[M]//The Oxford handbook of computational linguistics. Oxford：Oxford University Press.

WAGER S，ATHEY S，2018. Estimation and inference of heterogeneous treatment effects using random forests[J]. Journal of the American Statistical Association，113(523)：1228-1242.

WEN Q，QIANG M，2016. Coordination and knowledge sharing in construction project-based organization：A longitudinal structural equation model analysis[J]. Automation in Construction，72：309-320.

WEN Q，QIANG M，AN N，2017. Collaborating with construction management consultants in project execution：Responsibility delegation and capability integration [J]. Journal of Construction Engineering and Management，143(7)：04017021.

ZHANG B，SU J，XIONG D，et al.，2015. Shallow convolutional neural network for implicit discourse relation recognition[C]//Proceedings of the 2015 Conference on Empirical Methods in Natural Language Processing.

ZHANG D，QIANG M，JIANG H，et al.，2018. Social sensing system for water conservation project：A case study of the South-to-North Water Transfer Project in China[J]. Water Policy，20(4)：667-691.

第**5**章

>>>>>>>>>>>

基于项目的组织管理模式构建

在传统职能型组织管理模式下,项目按阶段由不同职能部门负责完成,缺失或弱化了项目维度的统一管理,带来了协调不畅、决策短视致使生产工期加长、责权不清、效率低下等问题。在此模式下组织的多项目发展必然会受到诸多限制,因此迫切地需要发展一种新型管理理念和模式。在此背景下,PBO模式应需而生。

PBO将项目实施作为企业战略实现的重要手段和方法,将项目管理作为企业员工的工作模式和思维方式,建立适于项目的组织结构和管理流程,从项目效率出发来实施企业管理和项目管理。在PBO中,项目在项目部的规划、组织、协调和实时监控下,借用组织内各职能部门或组织外的资源完成项目任务,项目经理对项目目标的实现负有全责。职能部门和外部组织作为项目的支持者和服务者,从专业角度履行相应职责。基于项目的企业管理模式强调项目目标、范围、计划、监控和职责的精确性,依据项目执行中的数据全面提高项目管理决策的准确性、实时性和预测性,增强企业的竞争力。基于项目的企业管理模式构建需要全方位的理念和模式变革,包括企业文化、组织模式、工作流程、人力资源、绩效考评和薪酬体系、项目管理信息化及能力建设途径。

本章基于具体的工程项目实践经验,按照组织级项目管理流程构建的步骤,分为4节依次展开介绍。首先梳理基于项目的业务流程,其次介绍如何基于项目进行业务职责匹配,再次提供一套基于项目的核心协作节点流程设计方法,最后介绍基于项目的考评机制设计(袁尚南,2016)。

5.1 基于项目的业务流程梳理

5.1.1 项目管理过程与阶段划分

工程项目管理流程分为启动、计划、执行、控制、收尾5个过程组。这种五过程管理流程是管理任何一件事的一般流程,它既适用于管理整个工程项目,也适用于管理工程项目各阶段。例如,工程项目的初步设计、招标、建设、验收等每阶段也应遵循五过程管理流程。各过程的管理目标、内容和程序概括有如下几项。

1. 启动过程

(1)管理目标:确定一个项目或项目中一个阶段的正式开始,给出项目(或阶段)的总体目标和授权,并要求启动实行。

(2)主要内容:搜集资料,熟悉并分析项目接手时状况;清晰地定义项目(或阶段)目标;委派项目(或阶段)负责人;授权其开始项目及可以动用的组织资源,形成项目任务书。

对于项目的重要阶段,如可行性研究、设计、施工等,都需要有一个正式的启动过程,必要时可以组织专家进行评审。

2. 计划过程

(1) 管理目标:制订计划并且确定一份可操作的进度安排,以详细计划作为检验项目阶段性成果和目标的依据。各方承诺确保实现项目的既定目标。

(2) 主要内容:计划包括长期计划、年度计划等。对于具体的工程项目来说,需要制订针对各个子项目或阶段的具体、翔实、可行的详细计划。

由于工程项目往往复杂性较强,项目计划一般采用滚动的方法进行编制,即先制订框架性的控制计划,然后随着项目的推进,分阶段细化计划,确定项目的准确范围和目标。例如,工程项目中控制性项目计划编制的时间应在获得土地使用权、项目部正式成立后,由项目部组织编写;在施工准备工作结束之前完成项目施工计划的编制;以此计划为基础,在工程项目执行的各阶段中不断地滚动制订近期将执行部分的详细计划。

计划过程在工程项目的全生命周期中具有重要的意义,是项目顺利实施的基础,同时也是衡量项目成功与否的标尺。

3. 执行过程

(1) 管理目标:协调人力和其他资源,执行计划。

(2) 主要内容:计划批准后要立刻下达各执行部门着手落实,进行目标分解,将工作责任落实到各部门或单位,并赋予其相应的权力和资源,得到他们的同意,并形成正式承诺。

执行过程是执行项目计划、实施建设工程的过程,投入资源最多,也是项目经理投入工作量最多的过程。

4. 控制过程

(1) 管理目标:通过监督、检测和纠偏措施来确保项目达到既定目标。

(2) 主要内容:建立基准计划→确定容许偏差→确定报告周期→收集项目数据并分析偏差及其原因→采取措施更新计划→力争趋近原基准计划。

需要指出的是,没有项目能够百分之百地按照原计划进行,即使是一个很完善的计划,也会因为项目及其执行环境的变化出现进度、成本偏离计划的情况。因此控制的任务,一是保证偏差在容许范围之内,这里的分界线就是"容许偏差",二是在超出"容许偏差"情况发生时制定纠偏措施,确保项目在下一执行周期内缩小偏差,并逐步回到原基准计划上。

项目控制的关键在于贯彻计划,并在必要时采用补充计划或纠偏措施形成更新计划,以指引项目向着既定目标的方向发展。由此可见,在项目控制过程中的变更控制尤为重要,项目的变更可能会影响项目目标、生产要素和项目参与组织。设计和施工阶段中的变更,不但使得实际情况偏离计划,还会对项目参与方的责权利产生影响,甚至引起索赔。因此,判断变更的合理性和可行性,将变更数量和变更影响控制在适当的范围内,是项目控制的核心问题之一。

5. 收尾过程

(1) 管理目标:取得项目或阶段成果的正式认可并且有序地结束该项目或阶段。

(2) 主要内容:收尾流程包括合同收尾和管理收尾两个方面。合同收尾主要围绕合同来进行。对照合同条款,检查工程项目是否符合要求,分析实施中的变化和违约对项目的影响,处理合同收尾事项,并形成完整的档案资料。管理收尾主要围绕"项目总结"来进行,是组织内部推动持续提升组织使能的重要工作。对已经完成的工作,分析是否达到预期的目标、计划是否合理、主要效益指标是否实现、找出成败的原因并总结经验教训、为今后的工作提出改进建议,进而丰富和发展组织过程资产和事业环境因素。

项目收尾工作并非只在项目完全结束时才进行,而是一个阶段性的收集和整理工作。收尾工作在项目进行中不应被拖延,一般来说项目的每一阶段结束都是参与项目资源的更替点(如设计阶段完成时的设计人员退出),所以项目每个阶段结束时都应以适当的方式进行收尾,以确保重要和有用的信息及成果不会丢失。项目的收尾工作将形成资料库与知识库,是组织使能的重要组成部分,可以为后续项目提供经验和参考,并为新职工培训提供资料。

上述 5 个过程之间相互连接,前一个过程的结果或输出形成后一个过程的输入,形成滚动、螺旋上升的态势,以构建和发展企业的核心能力。

五过程管理流程适用于工程项目各阶段的管理。工程建设项目的阶段通常被划分为如图 5-1 所示的工程设计、土地征迁、招标投标、开工准备、建设实施、验收 6 个主要业务阶段,每个阶段的管理都应遵循启动、计划、执行、控制和收尾 5 个过程进行。

在本章后面的诸节中,将从业务流程梳理、业务职责匹配及核心协作节点流程设计 3 个方面展开阐释,并结合不同类型的工程项目案例进行说明,呈现基于项目的组织管理模式的管理理念、原则、方法与表现形式。

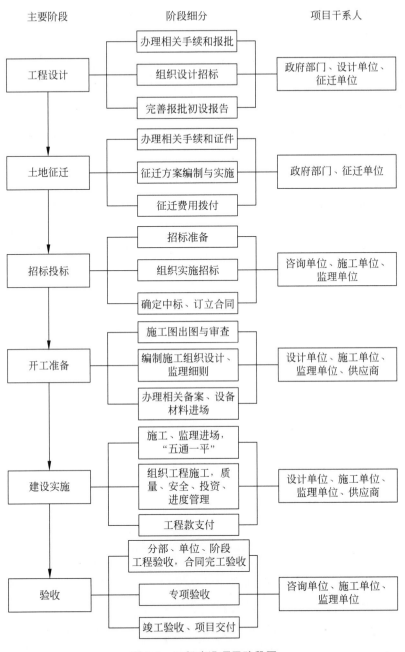

图 5-1 工程建设项目阶段图

5.1.2 业务流程梳理原则

作为连接组织的投入和产出的中间过程,业务流程在组织管理中占据重要地位,是组织运营管理关注的核心,更是组织资源整合的关键因素(Saven et al.,2002)。业务流程是指将资源投入(人力、设备、材料和信息等)转化为产品或服务的工作活动的次序布置和安排(Pall,1987),而业务流程管理则是指完成或改进这些工作所需的工具、技术、方法和行为等(Flynn et al.,1995)。

　　随着对组织使能构建的关注,业务流程在组织管理中的重要性越发凸显,日益成为研究者和实践者的关注中心,有关业务流程建模(business process modelling,BPM)的研究也越来越多。BPM 是能够显示组织的事件和活动等节点连接关系的流程图,体现了组织的资源集成路径,并将多个部门或团队的成果结合起来(Smith et al.,2003),对营利性组织和非营利性组织同样适用,能够提高组织效率和工作质量(Abdelhady,2013)。BPM 的优势还在于展示组织内部复杂工作流,帮助利益相关者理解工作内容,帮助组织成员更好地理解自身的角色和职责,提高组织的核心竞争力。对 BPM 和流程管理的深入研究逐渐要求区分业务流程或其管理能力的发展阶段。Macintosh(1993)认为流程构建是一个渐进的过程,较早提出了流程分级的概念,并借鉴卡内基梅隆大学的能力成熟度模型(CMM)将流程分为 5 个等级,如图 5-2 所示。

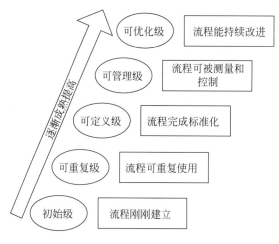

图 5-2　Macintosh 关于流程分级的图示

　　(1) 初始级(initial),表示流程刚刚建立起来;

　　(2) 可重复级(repeated),表示流程符合实际需要,可重复使用;

　　(3) 可定义级(defined),表示所记录的流程已得到标准化定义,各项术语取得了组织内的一致理解;

　　(4) 可管理级(managed),表示流程能够被测量和控制;

　　(5) 可优化级(optimising),表示流程已能够持续优化改进,组织的能力可以通过流程建设螺旋式提升。

　　从图 5-2 和各等级定义可以看出,等级 1~3 都与描述业务流程相关,区别在于随着等级的提高,对业务流程的了解要求逐渐增加。当等级再提高到 4 级和 5 级时,要求对业务流程进行评价、管理和改进,使其进一步成熟到可以帮助管理者决策。

对业务流程的梳理实践可以首先从利益相关方较多、较易引起扯皮的流程做起。例如，一般在项目建议书、可行性研究和初步设计阶段参与方较少，主要包括项目业主、设计单位和主管部门，项目管理边界比较清晰。进入施工准备和建设实施阶段后主要参与方急剧增多，利益交换及其所带来的矛盾迅速增加。而在验收后的运行管理阶段，主要参与方又减少到项目业主和主管部门，管理范围主要是在一个企业组织内。因此，业务流程梳理需首先细化参与方较多的施工准备和建设实施阶段的流程，而保持其他阶段的流程按实际运行情况展开。一般工程建设项目的细粒度业务流程体系如表 5-1 所示。

表 5-1　工程建设项目细粒度业务流程体系

编　　号	流　程　内　容
0	工程规划编制和报批
1	项目建议书编制和报批
2	可研报告编制、评估和报批
3	项目法人组建
4	预审批件办理(土地、水保、环评、节能)
5	选择勘察设计单位(招投标或委托)
6	初设文件编制、论证和报批
7	施工图设计和交付
8	施工涉及文件办理(土地使用、水保许可等)
9	征地拆迁和移民安置
10	选择监理单位(招投标或委托)
11	选择施工单位(招投标或委托)
12	选择材料设备等供应商(招投标或委托)
13	资料交付承包商(施工设计图、地勘资料等)
14	施工现场准备(临建工程、场地、交通等)
15	工程开工手续办理
16	施工组织设计的编制及审核
17	监理细则的编制及审核
18	工程进度管理(计划制订、执行与监控)
19	工程质量管理(材料、设备和施工)
20	工程安全管理(计划制订、执行与监控)
21	事故处理
22	工程变更
23	工程计量支付
24	工程争议及索赔
25	工程现场的清场撤离
26	设备、系统调试与试运行
27	合同项目验收
28	竣工初步验收
29	竣工决算

编　　号	流　程　内　容
30	专项验收(水保、环保、征迁、档案)
31	竣工验收与工程交付
32	运行管理及维护服务
33	项目后评价及项目运营

5.1.3　业务流程梳理案例

本节以某工程建设项目的主要业务阶段流程为案例,展示一般的业务流程梳理实践成果,以供流程设计参考。

1. 工程设计阶段

工程设计阶段流程如图 5-3 所示,对应表 5-1 中的编号 0～8。

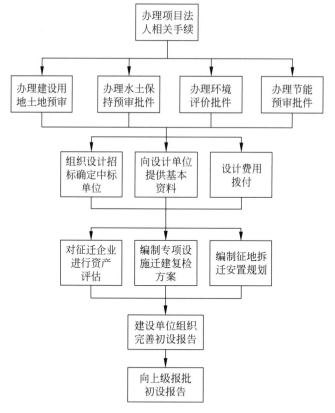

图 5-3　工程建设项目初步设计阶段流程图

工程设计阶段包括项目前期工作和初步设计。项目前期工作是由项目发起单位提出项目立项,并完成工程规划(选址)、项目建议书和可行性研究报告的报批工作。初步设计是在项目的可行性研究报告经审查批准后,对可行性研究所选择的方案进行详细勘测设计,并确定建设规模和工程概算。项目初步设计报告经批准后才能进行项目的施工招标工作。初步设计是决定工程施工方案的蓝图,是施工招标设计和工程施工年度计划安排的依据。初步设计文件经批准后,主要方案和主要指标不得随意修改、变更。作为项目实施的技术文件的基础,初步设计文件若有重大变更,须经原审批部门复审同意。工程的初步设计工作应通过招标投标的方式,选择有资格的勘察设计单位编制。

2. 土地使用及征迁阶段

土地使用及征迁阶段流程如图 5-4 所示,对应表 5-1 中的编号 9。

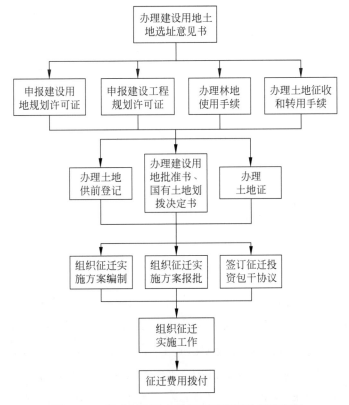

图 5-4　工程建设项目土地使用及征迁阶段流程图

项目实施所占用土地应根据《中华人民共和国土地法》的有关规定办理。由于基础设施建设工程具有占地多的特点,征地与拆迁是建设管理的重要组成部分。征地与拆迁是一项极其复杂的系统工程,既有自然科学的属性,也有社会科学的属性,涉及政治、经济、社会、人口、环境与工程技术等学科。项目法人要合理界定征地范围,查明征地涉及对象的实物资料,研究征地对地区国民经济的影响,参与论证工程建设规模,编制移民、迁建、专业项目和工矿企业的迁(改)建规划,进行防护工程设计及综合开发规划,编制投资概(估)算。

3. 施工招标阶段

施工招标阶段流程如图 5-5 所示,对应表 5-1 中的编号 10~13。

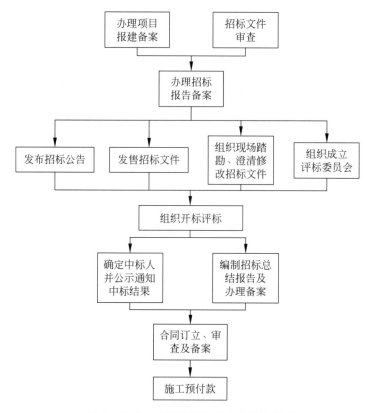

图 5-5　工程建设项目施工招标阶段流程图

建设项目的招标包括监理服务招标、设计工作招标、施工招标、设备和材料采购招标等。建设项目的招标投标必须依据《中华人民共和国招标投标法》,以及有关部门颁布的招标投标管理办法,如《工程建设项目施工招标投标办法》《工程建设项目勘察设计招标投标办法》等的规定实施。对达到必须进行招标的范围和规模要求的建设项目,项目法人必须按照招标投标法的规定进行招标,严禁将必须进行招标的项目化整为零或者以其他任何方式规避招标。

4. 施工准备及开工手续办理阶段

施工准备及开工手续办理阶段流程如图 5-6 所示,对应表 5-1 中的编号 14~17。

设立和实施建设项目开工报告(建筑工程施工许可证)审批制度对建设项目施工所应具备的基本条件进行必要的审查,可以避免不具备条件的建设项目盲目开工而给国家或相关当事人造成损失。通过对建设项目开工条件的检查和批准,保证建设项目开工后顺利实施,是建设项目管理的一种事前控制制度。因此,项目法人(建设单位)应在建设项目开工前按规定办理。建设项目开工报告(施工许可证)应当在施工准备工作就

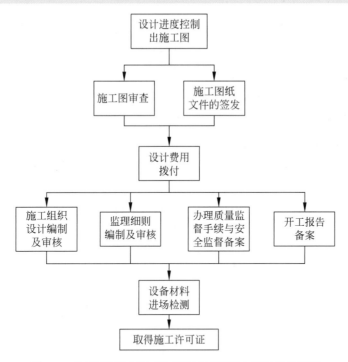

图 5-6 工程建设项目施工准备及开工手续办理阶段流程图

绪,主体工程开工之前申请领取。项目法人(建设单位)对需要领取开工报告(施工许可证)的建设项目应按有关规定填写相关表格,向有审批权的项目主管部门提出申请。

5. 建设实施阶段

建设实施阶段流程如图 5-7 所示,对应表 5-1 中的编号 18～26。

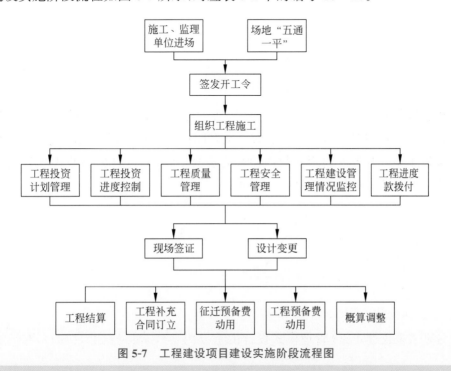

图 5-7　工程建设项目建设实施阶段流程图

项目建设实施阶段是项目建设周期的重要阶段,是实现货币资金到固定资产的转化阶段,也是项目工程质量的形成过程。所以,项目法人、施工单位、监理单位等参建各方必须依据国家的法律、法规、规章和有效的合同文件,做好项目实施阶段的各项控制工作。在建设监理体制下,作为项目管理的具体监控者,监理在施工阶段的基本任务是以合同管理为中心,加强对项目目标(安全、质量、进度、投资)的控制,建立健全信息管理体系,协调好建设各方的关系,维护国家利益和建设各方的利益,使业主在合理的投资条件下,按期、保质、保量、安全地得到合格的工程,承包商按照合同规定得到应有的收益。

6. 验收阶段

验收阶段流程如图 5-8 所示,对应表 5-1 中的编号 27～31。

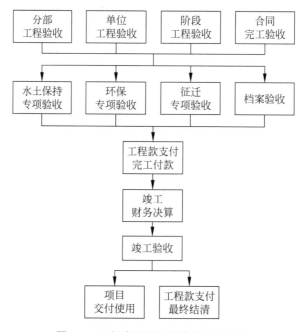

图 5-8 工程建设项目验收阶段流程图

工程验收是对项目建设情况的检验,包括工程项目单元工程验收、分部工程验收、单位工程验收、竣工初步验收、竣工验收。从合同角度验收包括合同的完工验收和最终验收。除竣工验收和投入使用验收由验收委员会组织之外,其他验收由项目法人组织或项目法人委托监理单位组织进行。

5.2 基于项目的业务职责匹配

5.2.1 职责匹配的原则和设计

1. 职责匹配的原则

业务职责匹配是 PBO 管理模式设计的重要内容(Cable et al.,1994),在组织内部进行合理的职责匹配,能够更加有效地利用资源,发挥项目各参与者的能力、优势和积极性(Cable et al.,2004),从而提升项目实施过程的效率(Astakhova,2012)。

基于现代管理学基本原理,在PBO管理模式下实现合理的职责匹配,应满足如图5-9所示的4项原则。

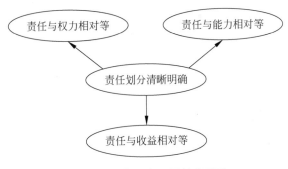

图 5-9　业务职责匹配基本原则

1) 责任划分清晰明确

责任划分清晰明确是职责匹配的基本原则。工程项目往往设计复杂、工程量大、周期长,职责划分的清晰程度直接影响项目实施的顺利程度。如果职责划分不清晰,在项目建设中对具体任务的职责归属无法达成共识,则容易出现对责任的相互推诿,从而影响管理效率。因此,责任划分必须清晰明确,保证各方能顺利协调开展工作,避免工作范围重叠或管理真空地带的出现。同时,还应事先规定项目争端的解决机制,以快速高效化解具体工作过程中的纠纷和争议,保证项目顺利推进。

2) 责任与权力相对等

在满足责任划分清晰明确的基础上,为提高项目管理效率,应做到责任与权力相对等。责任与权力相对等,是指在项目中若将某项工作或任务的职责分配给了某一部门,则应授予其与所承担的责任相对等的管理权力。权力即对承担任务所需资源的使用自由。如果责任较大,但权力偏小,则责任主体在工作过程中将受到较多限制,造成较高的管理成本,并降低管理效率;如果责任较小,但权力偏大,则容易出现权力的滥用,缺乏对责任主体的制约,不利于项目协作和整体利益最大化。

3) 责任与能力相对等

为最优化项目参与人的资源利用效率,在进行责任划分时,应充分考虑各参与方对实现相应管理目标的影响力和调动资源的能力,按能力分配工作职责,确定责任主次。只有把责任分配给最有能力做好相应工作的主体,各主体才能实现优势互补,使得项目协作达到最优化状态,避免各主体的管理能力与其承担的责任不相匹配,以致于影响工作开展。

4）责任与收益相对等

合理的回报与激励机制对组织内部实现良好的协作非常重要。因此,工程项目在职责匹配设计过程中应充分考虑"责任与收益相对等"的设计原则,给各参与方匹配与其承担的责任相对等的收益,使得各责任主体在负责相应工作中投入的管理成本能够获得合理的回报,才能激发项目各参与方的工作积极性,使各方主动采取措施优化项目管理从而提升项目绩效。使参与者在实现组织目标的同时能够实现自身目标是责任与收益相对等的指导思想。

2. 职责匹配的设计

业务职责匹配设计按照业务职责设计、业务职责分解、业务职责匹配 3 个步骤进行,下面详细介绍各步骤的执行原则,提供实践参考。

1）业务职责设计

业务职责设计包括基本职责和专业职责两类,其中专业职责设计又可分为核心职能部门的职责设计和项目部的职责设计,如图 5-10 所示。

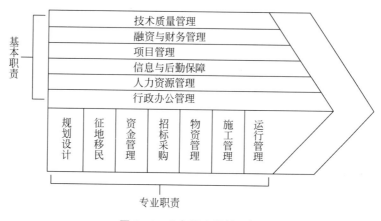

图 5-10　业务职责设计示例

2）业务职责分解

在完成初步的业务职责设计后应该对业务职责进行分解细化,以便匹配岗位。

3）业务职责匹配

业务职责匹配是指将分解后的职责与梳理后的业务流程进行分类对应,同时构建与之匹配的组织架构,明确组织中不同层级(部门)的责权及各项业务的负责方、支持方、参与方等,清晰界定多方的职责界限,如决策、执行、参与或检查监督等。

5.2.2　职责匹配设计案例

下面以某房地产开发企业 H 公司为例展示基于项目进行业务职责匹配的设计成

果。H公司组织结构情况如下。

H公司设立了12个职能部门和5个管理委员会。12个职能部门分别是投资发展部、营销策划部、租赁事业部、客户服务部、设计研发中心、工程管理部、成本管理部、财务部、人力资源部、总裁办公室（与党委办公室、企业文化部合署办公）、审计部和项目管理中心。职能部门员工设有较固定的岗位，部分员工将同时被分派到项目上，具有双重身份。5个委员会分别是战略管理委员会、项目管理委员会、安全管理委员会、薪酬管理委员会和代表管理委员会。公司的职能部门组织结构如图5-11所示。

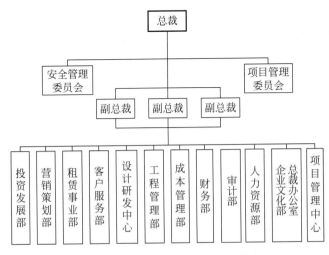

图5-11　H公司职能部门组织结构图

公司的相关项目采用矩阵型管理模式，其组织结构如图5-12所示。项目部是由项目经理在企业的领导下组建的项目管理执行机构，是具有弹性的一次性生产经营组织机构；项目管理中心作为该企业的PMO，承担项目立项、跟踪、考核的统一决策与管理工作；项目管理委员会是项目管理的最高决策机构（其常设机构是项目管理中心），负责项目经理的授权，对项目管理过程中相关事宜拥有最高决策权。项目经理是项目管理的核心，其职责是保证项目质量、成本、进度等关键目标的实现。项目部应该完成项目管理委员会下达的项目任务与目标，并接受公司职能部门的业务指导和监督。

本案例结合详尽的职责匹配表对房地产开发各阶段的不同参与方的职责进行介绍，具体包括可行性研究阶段、前期工作阶段、设计阶段、建设阶段、营销阶段、收尾阶段等的职责匹配表。各匹配表中，对于不同部门的职责类型进行了细分，具体包括"负责""支持""参与""审批"和"了解"共5种参与类型，其中承担"负责""支持"和"参与"职责的部门是对应事项的主要参与方和完成方。

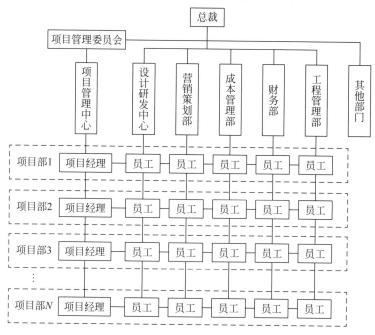

图 5-12　H公司矩阵型项目管理组织架构示意图

1. 可行性研究阶段

可行性研究阶段职责匹配表如表 5-2 所示。

可行性研究是针对提出的项目建议,利用更详细的资料进一步分析和论证其技术可行性和经济可行性,据此做出投资决策。这一阶段对建设投资估算的精度在±(10%～20%),一般应委托专业的咨询公司对拟建项目进行可行性研究,公司投资发展部的主要工作是配合并督导咨询公司的研究工作。在自身能力具备情况下,可行性研究也可以由公司投资发展部组织公司内部完成。

2. 前期工作阶段

前期工作阶段职责匹配表如表 5-3 所示。

经过可行性研究阶段的分析确定了具体的开发地点和项目之后,即可开始项目前期工作,需要开展与地产开发全过程相关的各种合同、条件的谈判与签约工作。

同时,在可行性研究已掌握的房地产市场宏观情况下进行前期营销策划,具体研究项目所针对的市场、客户、类型、时机等,定位开发出满足目标市场消费者需要的产品,并对项目的价格水平、促销手段和经营方式提出初步的建议。

3. 设计阶段

设计阶段职责匹配表如表 5-4 所示。

开发商在设计阶段的管理工作主要包括 4 个方面:一是对设计单位的管理,包括协调各设计单位的工作,监督设计进度和审查设计内容,控制设计方案的投资、进度和总体质量水平。二是提供设计所需的资料。工程项目所需的大量资料由不同专业的科研、勘察、评价、咨询单位以及业主自己完成,开发商应对这些单位进行管理。三是提供设计所需的外部协作条件。开发商取得外部协作单位的供应协定、技术条件后,转交给设计单位,如供电、交通、市政等主管部门。四是设计文件的上报和审批。即办理一系列的审批手续,最后取得开工证,以便正式进行施工。

4. 建设阶段

建设阶段职责匹配表如表 5-5 所示。

在正式施工开始前,开发商进行施工准备工作,为顺利施工创造必需的各项条件。在此基础上进行施工招标,开发商自身如具备招标能力,可自行办理招标事宜;否则,需委托招标代理机构提供招标代理服务。正式进入施工阶段以后,开发商主要进行工程项目的建设管理工作,既可以自己组织管理队伍,也可以聘请专业的咨询机构和顾问进行协助。但开发商必须与专业人员、监理工程师共同介入施工现场的监督与管理工作,才能保证项目的顺利完成。工程项目管理的目标是在预算成本和计划工期内,以合格的质量完成工程施工。主要内容包括"三控两管一协调",即质量控制、成本控制、进度控制;合同管理、信息管理;开发商、建筑师、承包商等关系的协调。

变更控制也是建设阶段管理的重要工作。项目在建设阶段的变更会对项目目标的实现产生极大影响,甚至导致较大的索赔。所以,从开发商的角度应尽可能加深项目前期工作和计划的深度,在建设期减少并控制变更。

竣工验收是建设过程的最后一个程序,其目的是全面检查设计和施工质量,考核工程造价。对于竣工的项目或单项工程,应尽量做到建成一个验收一个,并抓紧投入经营和交付使用,使之尽快发挥经济效益。

5. 营销阶段

营销阶段职责匹配表如表 5-6 所示。

在房地产营销推广活动中,制订一份完善的营销计划十分重要。项目正式开盘后需要对整个销售过程进行管理和控制。

6. 收尾阶段

收尾阶段职责匹配表如表 5-7 所示。

收尾阶段的工作主要包括入伙交楼、投诉处理和物业管理工作,还要做好本项目运维所需的资料归档和公司长期发展相关的知识管理工作。

表5-2 地产开发项目可行性研究阶段职责匹配表

编码	说明	投资发展部	营销策划部	客户服务部	设计研发中心	工程管理部	成本管理部	项目部 工程经理	项目部 营销经理	项目部 成本经理	项目部 设计经理	项目部 报批报建	项目部 项目经理	项目管理中心	项目管理委员会	总裁办	人力资源部	财务部	租赁事业部	参股公司监控点	审计部
11000	1.1 投资机会研究	负责																			
11010	成立研究小组	负责															参与				
11020	收集数据资料	负责																			
11030	投资机会寻找与筛选	负责																			
11031	分析：地区状况	负责																			
11032	经济环境	负责																支持			
11033	资源条件	负责																			
11034	社会条件	负责																			
11035	市场调查	负责																			
11036	品牌营销规划	负责	支持	参与				参与								审批				监控	
11040	选择合适的地块	负责																			
11050	编写《投资机会研究报告》	负责																			
11060	公司评审	支持												负责	审批						
12000	1.2 可行性研究（主要由公司内完成）	负责																			
12010	安排工作进度	负责				支持															
12020	收集基础资料	负责	支持		支持	支持	支持														
12030	地块初评	负责																			
12040	编制《项目关键节点进度计划》	负责	支持		支持	支持	支持											支持			
12050	市场与资源调查（可以找咨询公司配合完成）	负责																			

续表

编码	说　明	投资发展部	营销策划部	客户服务部	设计研发中心	工程管理部	成本管理部	项目部						项目管理中心	项目管理委员会	总裁办	人力资源部	财务部	租赁事业部	参股公司监控点	审计部
								工程经理	营销经理	成本经理	设计经理	报批报建	项目经理								
12060	市场分析和预测（可以找咨询公司配合完成）	负责																			
12061	包括：产品初步定位		负责				支持													支持		
12062	规划设计草案		支持		负责		支持														
12063	建安成本分析编制《成本匡算表》		支持		支持		负责														
12064	经济研究编制《经济分析报告》	负责	支持				支持											支持			
12065	风险分析	负责																			
12066	法律分析出具《法律意见书》															负责					
12070	编制《项目可行性研究报告》	负责	参与		参与	参与								负责				参与	参与		
12080	公司评审	支持												负责	审批		了解			监控	

表 5-3 地产开发项目前期工作阶段职责匹配表

编码	说明	投资发展部	营销策划部	客户服务部	设计研发中心	工程管理部	成本管理部	项目部 工程经理	项目部 营销经理	项目部 成本经理	项目部 设计经理	项目部 报批报建	项目部 项目经理	项目管理中心	项目管理委员会	总裁办	人力资源部	财务部	租赁事业部	参股公司监控点	审计部
21000	2.1 合同谈判签约	负责																			
21010	办理项目外部立项					负责															
21020	办理选址定点审批					负责															
21030	申请规划设计条件				负责																
21040	办理《建设用地规划许可证》					负责															
21050	获取土地（签订土地出让合同或转让协议）	负责																			
21060	办理《土地使用证》					负责															
21070	筹集资金																	负责			
21080	征地拆迁					负责												参与			
21090	安置补偿	负责				参与												参与			
21100	初步考虑承包商					负责	参与											负责			
21110	保险洽谈				负责																
21120	地质初勘																				
22000	2.2 产品与营销策划		负责																		
22010	市场与产品分析		负责																	监控	
22011	包括：目标市场		负责																		
22012	目标客户		负责																		
22013	产品定位		负责	支持																	
22014	产品形式		负责	支持																	
22015	经营方式		负责																		
22016	营销策略		负责																		
22020	设计研究		支持		负责	参与														监控	

续表

编码	说　明	投资发展部	营销策划部	客户服务部	设计研发中心	工程管理部	成本管理部	项目部 工程经理	营销经理	成本经理	设计经理	报批报建	项目经理	项目管理中心	项目管理委员会	总裁办	人力资源部	财务部	租赁事业部	参股公司监控点	审计部
22030	编制《产品设计建议书》		支持		负责	参与								监督							
22031	包括：规划设计建议				负责																
22032	景观设计建议				负责																
22033	建筑设计建议				负责																
22034	公共配套建议				负责																
22040	公司评审	参与	参与	参与	支持	参与	参与							负责			了解			监控	
22050	编制《项目经营策划报告》		负责																		
22060	公司评审		支持		参与	参与	参与							负责	审批					监控	
22070	编制《项目控制性总体计划》	支持	支持		支持	支持								负责	审批			支持			
22080	编制《项目发展成本目标》		支持		支持		负责								审批						
22090	签订《项目管理目标责任书》	参与	参与	参与	参与	参与	参与						参与	负责	审批		参与	参与	参与		

表5-4 地产开发项目设计阶段职责匹配表

编码	说　明	投资发展部	营销策划部	客户服务部	设计研发中心	工程管理部	成本管理部	工程经理	营销经理	成本经理	设计经理	报批报建	项目经理	项目管理中心	项目管理委员会	总裁办	人力资源部	财务部	租赁事业部	参股公司监控点	审计部
31000	3.1 规划设计																				
31010	获得《建设用地规划许可证》	支持	支持		负责																
31020	申报《规划设计条件》	支持	支持		支持	负责															
31030	规划设计方案				负责		参与														
31040	规划设计报批				支持	负责												支持			
31050	规划设计招标、委托	支持			负责		支持											支持			
31060	确定规划设计单位及中标方案				负责		支持														
31070	优化规划设计方案				负责																
31080	组织公司规划设计评审会	参与	参与		负责	参与	参与						参与	参与							
32000	3.2 方案设计				负责																
32010	选择方案设计单位	参与	参与		负责		支持													监控	
32020	编制《方案设计任务书》				负责																
32030	签订设计合同				负责		参与														
32040	方案设计管理	参与	参与		负责		参与														
32041	包括：总图方案评审				负责																
32042	单体方案评审				负责																
32043	结构、设备、电气、给排水初步方案评审				负责																
32044	公共配套方案评审				负责																
32050	进行项目概算						负责						参与	参与							
32060	公司评审	参与	参与		负责	参与	支持						参与	参与						监控	

续表

编码	说明	投资发展部	营销策划部	客户服务部	设计研发中心	工程管理部	成本管理部	项目部 工程经理	项目部 营销经理	项目部 成本经理	项目部 设计经理	项目部 报批报建	项目经理	项目管理中心	项目管理委员会	总裁办	人力资源部	财务部	租赁事业部	参股公司监控点	审计部
32070	方案报建				支持	负责															
33000	3.3 扩初设计				负责																
33010	编制《扩初设计任务书》				负责																
33020	选择测量,勘察单位				负责	参与															
33030	获取外部条件				支持	负责															
33040	协调各设计单位(扩初)				负责																
33050	扩初设计管理				负责																
33060	修正项目概算				参与	负责	负责														
33070	公司审核扩初设计	参与	参与		负责	参与	参与						参与							监控	
33080	结算设计费用				参与	负责	负责														
33090	扩初设计报建				参与																
34000	3.4 施工图设计				负责																
34010	主要材料设备选型				负责	参与	参与														
34020	编制《施工图设计任务书》				负责																
34030	取得勘测报告,交设计单位				负责																
34040	协调各设计单位(施工图)				负责																
34050	施工图设计管理				参与	参与	参与											支持			
34060	项目预算				参与	参与	负责														
34070	公司审核施工图				负责	参与	负责														
34080	结算设计费用				参与	负责	负责					负责									
34090	施工图报建				参与	支持						负责						了解			
34100	申办《建设工程规划许可证》				支持	支持															

表5-5 地产开发项目建设阶段职责匹配表

编码	说　明	投资发展部	营销策划部	客户服务部	设计研发中心	工程管理部	成本管理部	项目部·工程经理	项目部·营销经理	项目部·成本经理	项目部·设计经理	项目部·报批报建	项目部·项目经理	项目管理中心	项目管理委员会	总裁办	人力资源部	财务部	租赁事业部	参股公司监控点	审计部
41000	4.1 施工准备												负责								
41010	主要材料设备及采购方式确定				支持	参与	负责														
41020	工程物资采购				支持	参与	负责														
41030	施工单位招投标				支持	参与	负责				参与		支持								
41040	监理单位招投标				支持	参与	负责				参与		支持								
41050	施工条件确认				支持		支持	负责													
41060	场地"七通一平"							负责													
41070	办理《施工许可证》											负责									
41080	施工图图纸会审及交底				参与			负责													
41090	《施工组织设计》审核							负责													
41100	《监理细则》审核							负责													
42000	4.2 主体及配套工程施工												负责								
42010	签发开工令							负责													
42020	组织基础施工及验收				参与	参与		负责													
42030	组织主体施工及验收				参与	参与		负责													
42040	组织安装工程施工及验收				参与	参与		负责													
42050	组织装饰施工及验收				参与	参与		负责													
42060	确定专业配套施工单位					参与	负责	参与													
42070	向水电燃气等部门申请报建					参与						负责									
42080	组织室外配套施工及验收					参与		负责													
42090	工程决算				参与	支持				负责										监控	
42100	支付及支付审核					参与				参与								负责			

续表

编码	说　明	投资发展部	营销策划部	客户服务部	设计研发中心	工程管理部	成本管理部	工程经理	营销经理	成本经理	设计经理	报批报建	项目经理	项目管理中心	项目管理委员会	总裁办	人力资源部	财务部	租赁事业部	参股公司监控点	审计部
								项目部													
43000	4.3 竣工验收												负责								
43010	施工单位预验							负责													
43020	监理公司初验							负责													
43030	联系政府或专业部门验收							负责													
43040	业主组织正式验收		参与	参与				负责													
43050	档案验收							负责						参与							
43060	申请竣工验收备案							负责													
43070	竣工结算						支持	支持		负责	支持									监控	
43080	竣工查丈		备案		支持	支持		负责													
43090	编制竣工档案					支持		负责	支持	支持	支持	支持						备案			
43100	办理项目交付使用许可证											负责									
43110	承建方向发展商交房		参与	参与					负责				负责							监控	
43120	竣工后服务		参与	参与					负责								了解				

表 5-6　地产开发项目营销阶段职责匹配表

编码	说　明	投资发展部	营销策划部	客户服务部	设计研发中心	工程管理部	成本管理部	项目部						项目管理中心	项目管理委员会	总裁办	人力资源部	财务部	租赁事业部	参股公司监控点	审计部
								工程经理	营销经理	成本经理	设计经理	报批报建	项目经理								
51000	5.1 营销推广																				
51010	制定营销工作方案		负责						支持												
51020	营销推广准备		负责						支持												
51021	包括：广告公司招标、议标		负责				支持		支持	参与											
51022	销售代理公司招标、议标		负责				支持		支持	参与											
51023	确定广告总体精神		负责						支持												
51030	确定物业管理单位	参与	负责	参与																监控	
51040	制定物业管理方案		负责	参与		参与															
51050	制定会所、商业配套经营方案		负责	参与														了解			
51060	会所物业管理方案审核		负责	参与																	
51070	确定广告名称、口号、文字、标识		负责						支持												
51080	制订营销工作计划		负责						支持												
51090	编制《营销推广方案》		负责						支持									了解			
51100	公司评审		负责				参与	参与	参与	参与			参与	参与						监控	
52000	5.2 销售准备																				
52010	土地地名登记	复核	负责						支持												
52020	办理《商品房预售许可证》		支持				了解		支持	支持		负责					支持	支持			
52030	预售查丈		负责		支持		复核	参与	支持	支持								了解			
52040	编制法律文件		负责						支持							负责					
52050	编制销售资料		负责	参与					支持												
52060	组建销售队伍		负责						支持								参与				

续表

编码	说明	投资发展部	营销策划部	客户服务部	设计研发中心	工程管理部	成本管理部	项目部 工程经理	项目部 营销经理	项目部 成本经理	项目部 设计经理	项目部 报批报建	项目部 项目经理	项目管理中心	项目管理委员会	总裁办	人力资源部	财务部	租赁事业部	参股公司监控点	审计部
52070	销售人员基础培训		负责	参与					支持												
52080	销售资料会审		负责	参与		参与			支持							参与		参与			
52090	销售资料签发		负责			参与			支持									参与			
52100	销售人员培训（项目）		负责	参与	参与			支持	支持		支持						参与	参与			
52110	销售环境准备		负责	参与				支持	支持												
52111	包括：售楼处布置		负责	负责					支持												
52112	样板间设计		参与		负责				支持												
52113	样板间制作		参与					负责	支持												
52114	其他模型和销售道具准备		负责					支持	支持		支持										
52115	参观路线确定		负责						支持												
52116	地盘包装		负责						支持												
52117	确定工程形象展示进度		负责						支持												
52120	销售环境检查		负责	负责				支持	支持												
53000	5.3 销售管理		负责						参与	参与											
53010	现场客户接待		负责						支持												
53020	签订临时合同或认购书		负责						支持	参与											
53030	确定特殊销售条件		负责						支持												
53040	合同审核						负责		参与												
53050	按揭款事宜																	负责			
53060	首期款事宜		负责						支持												
53070	客户资料移交		负责						支持												
53080	销售信息管理		负责	参与					支持												
53081	包括：电话来访		负责						支持												
53082	客户跟踪及意见反馈		负责						支持												

续表

编码	说　明	投资发展部	营销策划部	客户服务部	设计研发中心	工程管理部	成本管理部	工程经理	营销经理	成本经理	设计经理	报批报建	项目经理	项目管理中心	项目管理委员会	总裁办	人力资源部	财务部	租赁事业部	参股公司监控点	审计部
												项目部									
53083	调查表格填写		负责						支持												
53084	销售数据统计		负责						支持												
53085	未成交原因记录、分析		负责						支持												
53090	销售情况分析		负责						支持	参与								参与			
53100	阶段性销售总结		负责						支持												
53110	制订阶段性销售推广计划		负责						支持												
53120	销售推广		负责						支持	参与			参与								监控	
53121	包括:开盘典礼		负责						支持												
53122	楼盘广告推广		负责						支持												
53123	卖场形象及后勤管理		负责						支持				参与								
53124	组织活动推广		负责						支持												
53130	销售控制 包括:销售过程中的价格调整		负责						支持	参与											
53140	尾盘接盘		负责						支持												
53150	尾盘销售		负责																			
53160	销售总结		支持						支持								了解	了解		监控	

表5-7 地产开发项目收尾阶段职责匹配表

编码	说 明	投资发展部	营销策划部	客户服务部	设计研发中心	工程管理部	成本管理部	项目部 工程经理	营销经理	成本经理	设计经理	报批报建	项目经理	项目管理中心	项目管理委员会	总裁办	人力资源部	财务部	租赁事业部	参股公司监控点	审计部
61000	6.1 入伙交楼																				
61010	入伙条件确认		负责						支持												
61011	包括:确认配套服务是否到位		负责						支持												
61012	核对业主楼款支付		负责						支持									参与			
61020	入伙资料准备		负责	了解					支持												
61021	包括:编印入伙通知书		负责		了解				支持												
61022	编印入伙须知		负责		了解			参与	支持												
61023	编印质量保证书				了解			负责	参与												
61024	编印楼宇使用说明书等				了解			负责	参与												
61030	资料发放业主		负责																		
61040	入伙服务准备		负责																		
61041	包括:联系水电等开户事宜		负责																		
61042	财务费用安排		负责																		
61043	成立客户服务投诉窗口			负责																	
61044	落实维修人力、物力安排		支持	支持		支持		负责													
61050	正式交楼		负责																		
61060	协助业主交验资料		负责																		
61070	协助业主验房		负责																		
61080	初始登记		负责	了解	了解		了解	支持	支持	支持	支持										

续表

编码	说明	投资发展部	营销策划部	客户服务部	设计研发中心	工程管理部	成本管理部	工程经理	营销经理	成本经理	设计经理	报批报建	项目经理	项目管理中心	项目管理委员会	总裁办	人力资源部	财务部	租赁事业部	参股公司监控点	审计部
61090	协助业主进行产权办理		负责																		
61100	处理客户投诉			负责												支持		支持			
62000	6.2 客户投诉处理																				
62010	投诉内容甄别			负责																	
62020	投诉处理（租赁物业相关）			负责																负责	
62030	投诉处理（销售物业相关）			负责																	
62040	工程保修			负责		支持												参与			
62050	工程维修			负责		支持	复核											参与			
63000	6.3 物业管理			负责																	

5.3　基于项目的核心协作节点流程设计

项目执行过程中有各种各样的阻碍条件致使项目效率低下，不作为、乱作为导致的项目事件常发。究其原因，主要在于制度缺失。制度对于经济活动包括项目的效率影响很大（张雪，2022）。好制度可以达到促进、改进和提高项目效率的作用，差制度可能起到阻碍和降低项目效率的作用。政治经济学家认为：制度和组织是出于各种合理、不合理甚至变化无常的动机而建立起来的。制度一旦建立并存续一段时间后就会产生效率更高、效力更好的新制度和组织，然而原有的制度和组织却不肯轻易让位于优者，实践界称为制度的惯性，经济学中称为路径依赖。如果想改变项目执行过程中的低效率，就必须从精细的流程层面彻底改革或革除阻碍项目效率的旧体制、旧制度，建立新的、效率更好的新体制、新制度。

有序、高效地管理项目需要针对所从事的项目类型，进行"企业项目管理流程再造"，在精细的执行层面将基于项目的管理落到实处，逐步建立实施高效领先的项目管理体系。流程再造工作应以业务为核心，按照扁平化、专业化的建设思路，编制专门的《项目管理手册》，规范项目管理，以制度增强企业的核心竞争力。

5.3.1　项目管理流程再造与核心协作节点综述

流程再造是一个理论与实际不断碰撞和调整的过程，结合项目管理的理念和知识，为了真正规范、优化工作流程，公司与项目部应对过去的经营管理经验教训进行调研和梳理。项目管理流程再造的指导思想包括以下 3 方面：

（1）流程再造工作以项目管理为切入点，以业务流程为核心。利用矩阵型模式进行资源整合；项目制管理将有利于多项目的协调、计划、知识管理。

（2）流程再造工作重新设计确定公司部门职责，面向提高运作效率、降低项目成本。

（3）流程再造工作将进一步提升公司的现代化管理水平，使得公司在多项目、异地化（含国际化）的过程中，通过规范化的流程来管理控制项目。

基于已完成的业务流程梳理和职责匹配内容，针对涉及多部门的核心协作节点进行详细的流程设计。核心协作节点的选择原则可以是含有 3 个或 3 个以上部门参与的业务，明确这些协作节点在公司各部门的职责及工作流程，编制核心协作节点流程图，以指导公司各部门规范、高效地完成核心业务，推进项目的顺利运作。

核心协作节点的流程图称为管理流，包括流程开启、细节流程梳理和具体职责定位,以及履行各项工作的时间要求等,落实"以计划为核心,以进度为主线"的项目管理理念。流程设计的本质是:让员工仍然"做原来所做的事";再造体现在"做事的规矩"上,内容包括以下 3 方面:

(1) 定业务(活动),即通过流程梳理,将要完成的业务书面化,明确规范其范围和要求,规避凭主观判断"想做什么样就做什么样";

(2) 定程序,即对核心业务制定执行流程,不管是部门内的配合还是跨部门的协作,实现按程序办事,杜绝"扯皮推诿";

(3) 定时间,即规定流程的完成时间,不仅要保证工作质量,还要按时完成,避免"延误拖沓"。

这些业务、程序和时间规定应摆在"桌面上"(写入文本、展现在信息管理系统、记入考评体系),方便所有人知晓并互相监督。制定规则的出发点不是想"束缚人",而是降低工作中的不确定性,减少"不明确"带来的扯皮、内耗、低效率,甚至出错。与交通规则一样,交通规则和交警有时会使人"紧张"和"压抑",但好的交通秩序使人们能够预测其他车的行为,才敢全速行驶,将能力发挥到极致,既提高了效率又规避了风险。不难想象,如果没有交通规则,人们开车将会是多"烦心"、多危险的事。但一些企业依然在制度缺失的情境下,任各岗位以"摸着石头过河"的方式各行其是。美国计算机协会对软件企业的大规模调查研究结果显示,组织项目管理成熟度 5 级与 1 级相比,项目日历工期从 29 个月降至 9 个月,项目总成本从 544 万美元降到 14.6 万美元,可见制度贡献之大。

5.3.2 核心协作节点流程设计

同样以 H 公司的工程施工招标流程和材料、设备采购流程为例,说明核心协作节点(业务)的流程设计要点。如图 5-9 和图 5-10 所示,在流程图中,应清楚显示各流程的先后顺序、具体的责任划分,并明确各流程的起讫和持续时间,落实"定业务""定程序""定时间"的要求。

工程施工招标流程由项目部发起,需要成本管理部、设计研创中心、公司总经理或其授权代表等协作编制、组织和审核有关文件,最终定标、签署合同并备案。

以公开招标为例,具体工作流程如图 5-13 所示。

材料、设备采购由项目部填写申请表,设计研创中心进行补充,然后由成本管理部审批通过后主持采购,公司总经理或其授权代表审批,最终按合同约定时间催交并组织验收。具体流程如图 5-14 所示。

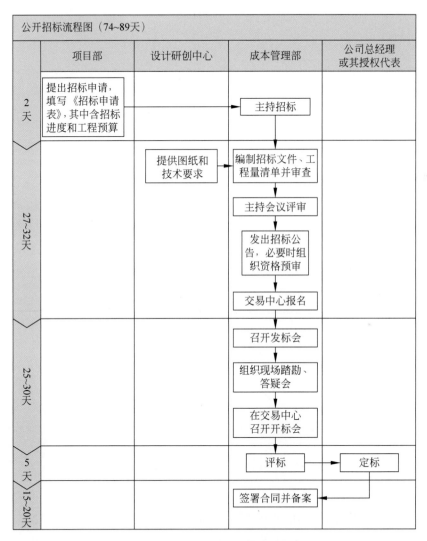

公开招标流程图（74~89天）			
	项目部	设计研创中心	成本管理部	公司总经理或其授权代表

图 5-13 H公司公开招标流程图

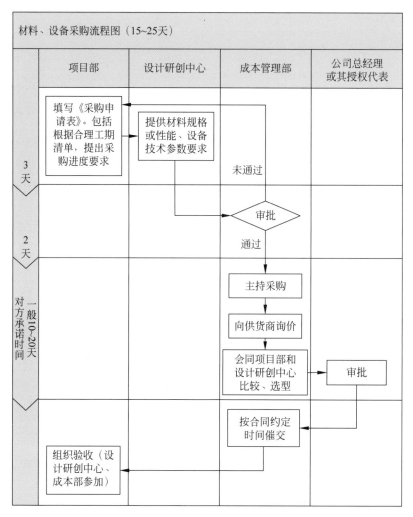

图 5-14　H公司材料、设备采购流程图

5.4　基于项目的考评机制设计

在愈发激烈的市场竞争和资源共享的国际环境下，人力资源具有比过去更大的价值。现代的绩效考核从如何提高企业核心竞争力的角度出发，通过系统化的绩效考核和管理，与企业的关键能力相结合，确保组织不断提升竞争能力。绩效考核主要服务于管理和发展两个方面，目的是增强组织的运行效率、提高员工的职业技能、推动组织的持续化发展，最终使组织和员工共同受益。另外，绩效考核还与组织的战略相关联，其有效实施有利于将员工的行为统摄和导向到企业的战略目标上来。对企业而言，其开展的每一个项目均聚焦于企业的核心竞争力提升和组织的整体战略目标实现，同时，企业的经营目标、利润目标也是通过其项目来实现的。从一定程度上

讲,项目是企业的利润中心和实现主体。因此,做好项目的绩效考核工作,对企业有着重要的意义。

另一方面,绩效考核不能离开激励体系单独存在,否则就不能有效地"奖勤罚懒、奖优罚劣",不能体现"分配公平、多劳多得、能者多得"的基本原则,也就不能起到激励先进、约束落后的作用。分配是企业激励机制中最重要的激励手段,充分发挥好分配制度对员工的激励作用,以达到企业与员工的"双赢"局面,在满足员工的自我实现感、激发员工的工作创造性、不断提高工作绩效的同时,也可提高企业的凝聚力和竞争力。因此,设计科学、公平的项目分配体系,实现项目效益的最大化,是企业资产增值保值、提高企业利润和核心竞争力的重要途径。

5.4.1 项目绩效考核与分配的目的和定位

考核与分配的目的包括以下 3 点:
(1) 明确责任主体,平衡职能部门与项目部在项目中的责、权、利;
(2) 明确项目目标,激励参与项目的职能部门及项目部全体人员实现项目目标;
(3) 明确项目贡献分配,激发项目参与人员的主动性、积极性与创造性。

项目绩效考核体系是公司整体绩效考核体系的有机组成部分,是企业整体考核指标体系在项目中的明确和细化;基于项目的分配制度也是企业基本分配制度的重要组成部分,是对项目参与人员在项目中的创造性工作的肯定与回报。

5.4.2 基于项目的考核分配制度设计的基本原则

基于项目的考核分配制度设计应遵循的基本原则如图 5-15 所示。

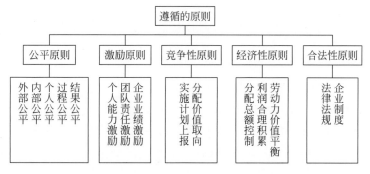

图 5-15 基于项目的考核分配制度设计遵循的基本原则

1. 公平原则

鼓励员工提高工作效率以获得较高回报,同时防止过高的分配差距导致不公平现象,影响另一部分员工的积极性和主动性,破坏项目团队的凝聚力和稳定性,妨害项目的目标完成和整体利益的实现。对于大多数员工而言,对分配的不满意往往不是因为分配绝对数额的大小,而是源于分配的相对公平性。因此,在项目的分配制度设计时,既要考虑效率因素,又要兼顾公平。对项目分配制度而言,其公平性分为两个方面,即外部公平和内部公平。在项目情境下,外部公平是指参与项目的员工与不参与项目的员工之间的公平;内部公平是指项目内部员工之间的公平。

2. 激励原则

对于参与项目的各职能部门及项目部,应根据完成项目所要求的知识、技能和承担的责任和风险等因素的不同,在分配的权重设置上适当拉开差距;对于项目部员工而言,也需要根据各个岗位因素及个人能力因素设置有区分度的权重。

3. 竞争性原则

企业的竞争力归根结底是人才的竞争力,因此基于项目的分配制度设计必须始终贯彻竞争性原则,即富有竞争力的分配制度是吸引、留住和激励优秀人才的最直接、最有效的工具和手段。

4. 经济性原则

在考虑分配制度的竞争力的同时,必须同时兼顾公司的成本和支付能力。高度竞争性的分配制度虽然可以提高企业在人才竞争中的优势,但也直接带来了企业人力资源成本的上升。高昂的人力资源成本必须要求以员工不断提高的绩效作为支撑,否则将影响公司的经济效益,从而使公司的核心竞争力下降。

5. 合法性原则

合法性原则是指基于项目的分配制度的设计必须符合国家及地方的相关法律、法规、政策、制度,并且不违背公司整体的分配制度。

5.4.3 基本绩效考核与分配方法

1. 基本绩效考核与分配方法的整体思路

项目绩效考核与分配按对象分为项目经理、项目部员工和职能部门,基本绩效考核与分配方法的整体思路如图5-16所示。

对项目经理而言,根据其所承担的责任不同分别建立项目绩效考核指标体系,对每一个指标设定量化的评分标准、指标的权重、考核所需数据的来源以及绩效考核操作部门。由此而得出的项目经理项目绩效考评成绩返回其所属的职能部门或人力资源部以计算项目经理的总体绩效。此绩效影响项目经理在项目期间的绩效工资发放、在公司的薪级薪等及职务变动。

对项目部员工而言,其整体绩效评分由项目经理评分和职能经理评分两个部分组成,并各占一定的权重。针对项目部各岗位的重要性不同设定各个岗位不同的权重,并

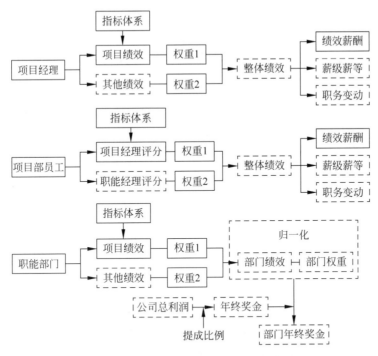

图 5-16 某公司绩效考核与分配方法的整体思路

针对各个岗位负责的项目部事务责任的不同设定每个岗位的项目绩效考核指标体系、量化评分标准、指标权重,由项目经理对每个岗位的员工在项目中的履职情况进行考评。此项目绩效成绩反馈至员工所属职能部门,再结合职能经理对该员工的评分计算出项目部员工的整体绩效。此绩效影响项目部员工在项目期间的绩效工资发放、在公司的薪级薪等及职务变动。

对职能部门而言,根据各部门所承担责任的不同,分别建立各部门关于项目绩效的考核指标体系,并设定量化评分标准及各个指标的权重、数据来源及具体的绩效考核操作部门,由绩效考核操作部门(即被服务的对象)对职能部门的项目绩效进行考核,并报送至公司人力资源部,由公司人力资源部结合该职能部门其余绩效考核成绩计算出部门的年度总绩效,作为年终部门奖金发放的依据。

2. 基本绩效考核与分配方法的执行人

项目经理全面负责项目部的工作,因此公司可按项目绩效考核指标体系考核项目经理的项目绩效。对项目经理的项目绩效考核应由项目管理委员会进行,日常由项目管理中心考评。

对于项目部员工的考核由项目经理进行。项目经理根据项目管理制度中所设定的项目绩效考核指标对项目部员工进行绩效考核,将其考核评定结果反馈至员工所属职能部门,作为该员工全年考核成绩的主要组成部分。

对于职能部门而言,其主要职责是服务于项目,虽然不直接干涉项目的执行,但是可以通过部门奖金间接地对参与项目的职能部门员工产生影响。为强化这一影响,在基于项目的考核机制下,由公司项目管理中心按照项目执行责任规划对参与项目的部门进行考核,作为该部门在项目中的绩效。

综合上述 3 个方面,制定针对单个项目的项目经理、项目部员工、职能部门的各个绩效考评方考评成绩的权重,以及总绩效的加权计算方法。累计项目经理、项目部员工、职能部门参与多个项目工作的考评成绩,最后建立总绩效与薪酬制度、奖金分配等方法。

5.4.4 项目超额利润奖金分配方法

1. 项目超额利润奖金分配思路

仅仅依靠上述基本的项目绩效考核与分配制度,不足以促成以价值为导向的"额外"效益的创造与实现。因此,为充分激励和调动项目部员工及职能部门更为积极、主动并创造性地开展工作,有必要在上述基本分配制度的基础上,对于超额完成公司下达指标项目中的人员和部门附加一份额外的激励,即项目超额利润奖金的分配。项目超额利润分享的前提是项目超额实现了公司下达的利润指标,并且公司对项目的整体状况考评达到了优或良。项目超额利润奖金分配思路如图 5-17 所示。

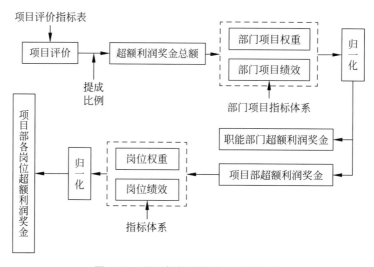

图 5-17 项目超额利润奖金分配思路

2. 项目超额利润分配的理论依据

绩效考评与分配制度的合理挂钩需要满足 3 个条件:第一,使参与项目员工的分配与其绩效直接关联;第二,使员工的分配与其所在部门的整体绩效密切关联;第三,最大程度地促进团队良性协作。项目超额利润分享制能够很好地同时满足上述 3 个方面的要求。

在实施项目超额利润分享制时,首先是公司对项目的完成情况进行评价,确定已完成项目的等级,从而确定分享超额利润的比例,即奖金总额,同时由公司根据参与项目各部门对项目的工作量、重要性、贡献等因素确定各部门的分享比例,该比例的设定应按每个项目的情况有所不同,因此每个项目中参与项目工作的部门分享超额利润的比例也应该因情况而变动;在此基础上,根据对项目参与各核心部门的绩效考评成绩得出该部门实际可以分享的利润奖金数额;在各部门内部,将此奖金按照各岗位的权重分配,形成各岗位的项目超额利润奖金理论数额,再根据各岗位员工的项目绩效考评成绩计算出员工的实际项目超额利润奖金额。

显然,在项目超额利润分享制下,员工想要增加自己的超额利润奖金有下述 3 条途径:第一,努力提高自己的绩效成绩,以增加自己的实际奖金;第二,与本部门同事密切合作,戮力同心,提高本部门的整体绩效和实际奖金额,从而增加各岗位的理论奖金额;第三,参与项目的各部门密切配合,互相合作,提高项目的总体绩效和超额利润总额,从而增加项目超额利润奖金的总额,使部门理论奖金总额得到增加。

所以,在项目超额利润分享制下,每个员工的项目超额利润奖金与其个人的绩效、部门的整体绩效、项目的整体绩效密切相关。更为重要的是,对每一个参与项目的员工来说,任何一个同事绩效的提高,都将有助于部门及项目整体绩效的提高,结果将有助于其自身奖金的增加。这便有效地减少了部门之间及部门内部员工之间对于奖金的"零和"博弈,大大促进员工之间的互助、协作,培养一种部门之间、员工之间合作、共赢的良好文化。从另一角度来说,任何一个员工经常性的低绩效,都将影响到部门、项目及企业整体的绩效,影响其他团队成员的奖金。因此,项目成员会自觉抵制和淘汰低绩效者和搭便车的员工,同时,项目成员也会自觉抵制人员规模的无效扩张,从而有效遏制"人浮于事"的现象。

3. 项目评定及超额利润奖金额度

首先制定公司对项目整体完成状况的考核评价指标体系,如表5-8所示。

表5-8　项目整体状况考核评价指标表

考核要素		指标权重	得分	
指标	评价内容		考核得分	加权得分=考核得分×指标权重
利润情况	税后净利润额			
销售情况	合同销售额			
	可结转销售额			
	回款额			
	销售费用			
成本情况	项目总成本			

181

续表

考核要素		指标权重	得分	
指标	评价内容		考核得分	加权得分＝考核得分×指标权重
进度情况	项目总进度			
质量情况	分部分项工程优良率			
	业主对工程质量的满意率			
安全情况	安全事故累计死亡人数			
	安全事故经济损失			
	安全管理制度制定情况			
团队培养	员工满意率			
	关键岗位员工稳定率			
说明				和为最终总得分
总得分	$\sum$ 加权得分＝			
等级划分标准	优：≥0.9　良：[0.8,0.9)　中：[0.7,0.8)　差：<0.7			
项目总评				

表 5-8 中各项指标的权重可由公司针对不同项目的特点以及公司对该项目的目标定位在项目部成立时设定,以便项目部能够按照公司战略导向有重点地进行项目的管理和运作。

在公司对项目的总体完成状况进行评价后,则需要确定超额利润奖金的理论总额以及应该获得超额利润奖励的部门以及各部门的分配权重,从而计算各部门的理论超额利润奖金额度。各部门对项目贡献权重的设置,针对具体项目的不同情况,其权重也不尽相同。一般情况下,项目部所占的权重较大。

4. 项目经理的风险金制度

在 PBO 中,项目经理对项目目标实现承担了主要责任和风险,因此对于项目经理而言,除了设置项目超额利润奖外,还可以进一步运用风险金制度。一方面,由于项目经理负责整个项目利润目标的实现,同时也被赋予了较大的权力,因此,从公司的角度考虑,可以用风险金的形式建立对其的约束机制;另一方面,为体现责、权、利对等的原则,公司也应该在其工作成绩突出的情况下,给予进一步的激励。

5.4.5　基于项目的绩效测评指标体系

1. 测评指标设置原则

(1) 有效性:能够客观地、最为集中地反映目标要求;

(2) 可量化:尽量使用定量化衡量指标,避免凭感觉、主观判断而影响考核结果的公正与公平;

(3) 易测算:考核所需要的数据容易获得,并且计算尽量简单;

（4）可实现：所制定的指标是员工经过努力可以达到的，且在其能力的可控范围之内。

2. 制定项目绩效测评指标体系

根据项目部人员架构和企业组织架构，分别建立以下几项指标体系：

（1）项目部人员的项目绩效测评指标体系，包括项目经理、成本经理、设计经理和工程师的项目绩效测评指标体系等；

（2）部门的项目绩效监测指标体系，包括项目部、工程管理部、项目管理中心和其他职能部门的项目绩效测评指标体系等；

（3）针对项目本身的绩效测评指标体系，包括工程质量、工程进度、工程成本等考核指标。

以项目经理为例构建相应的项目绩效测评指标体系，如表 5-9 所示。

表 5-9　项目经理项目绩效测评指标

考核指标	考核时间	数据来源	考核操作部门	指标权重
设计进度	设计完成	设计研发中心	项目管理中心	
工程质量	每月	工程管理部	项目管理中心	
工程进度	每月	工程管理部	项目管理中心	
工程安全	每月	工程管理部	项目管理中心	
设计变更率	施工完成	设计研发中心	项目管理中心	
设计变更资金超标率	施工完成	设计研发中心	项目管理中心	
设计变更程序违规率	施工完成	设计研发中心	项目管理中心	
重大设计失误处理及时率	施工完成	设计研发中心	项目管理中心	
项目现场管理	每月	工程管理部	项目管理中心	
管理费用率	每月	成本管理部/财务部	项目管理中心	
工程款支付率	每月	承包商/财务部	项目管理中心	
销售推进	销售期每月	营销策划部	项目管理中心	

$$考核成绩 = \sum (考核指标得分 \times 指标权重) / \sum (指标权重)$$

注：上式中，指标权重求和仅计入某次考核时被考核的指标的权重

需要指出，绩效测评要注重数据来源方提供数据的真实性、准确性，这将直接影响绩效考核与分配方法的执行效果，所以数据来源者往往才是真正的评定者，而所谓的考核部门往往只是考核业务的执行者。

5.4.6　项目绩效考核的保障与实施

为了保障项目绩效考核的顺利进行并发挥效用，必须建立健全相关的保障措施。

1. 严格实施程序

项目绩效考核与分配需要有严格的实施程序作为保障，否则无论绩效考核与分配

制度本身的合理和科学程度如何,都难以保证实施的严肃性和公平性。所以公司须对员工进行全面的培训,包括实施目的、实施原则、实施程序、注意事项等,使全公司员工理解和配合项目绩效考核与分配,使得设计的意图和初衷得到贯彻。

2. 规范制度建设

由于项目绩效考核关系到参与项目工作的每一名公司员工的切身利益,如果在绩效考核与分配中出现问题则会挫伤员工的积极性,影响工作的效率和项目目标的实现,动摇项目对实现公司目标的前提和基础作用,所以必须规范项目绩效考核与分配的制度保障。

3. 加强管理

管理是制度和程序在绩效考核与分配过程中的体现和手段,离开了管理,则项目绩效考核与分配同样难以达到预期的目的。公司要根据市场情况的变化以及实际情况,及时修正和调整绩效考核与分配的内容,使之具有弹性和灵活性,与时俱进。

4. 重视沟通和培训

在项目绩效考核与分配制度的实行过程中,及时的沟通、充分的培训是保证成功的重要途径和重要手段。可通过诸如员工座谈会、项目绩效与分配调查、内部刊物等营造良好的沟通氛围,及时、充分了解员工的看法与情绪,并针对出现的情况一一加以反应,对员工提出的中肯意见和建议予以分析和响应,由此增进员工与企业的相互理解,保证项目绩效考核与分配制度的顺利实施。

项目绩效考核与分配仅仅是手段而不是目的,其目的是通过绩效考核与分配的约束和激励作用,使员工不断提高绩效,因此对于公司人力资源部和项目管理中心而言,更重要的工作是在项目绩效考核的基础上,分析和总结绩效降低或提高的原因和经验,针对具体的原因,组织员工进行绩效培训,帮助员工不断提高绩效,从而使得项目绩效和企业绩效不断提高,使企业不断提升核心竞争能力。

5.5　本　章　小　结

本章系统总结了基于项目的企业管理模式构建关键环节。首先结合具体案例介绍基于项目的业务流程梳理、职责匹配、核心协作节点流程设计的主要原则与实践方法,通过流程化、规范化的管理提高工作效率,控制随意作为可能产生的风险,保障项目目标的高效实现。在此基础上介绍了针对项目和核心岗位的考核分配制度、方法、测评指标以及保障措施,通过绩效考核与分配的约束和激励作用,进一步提升项目业务流程的效率。本章相关理论与实践案例可为企业提升项目管理理念、提高团队合作效能、构建基于项目的组织管理模式提供借鉴。

参 考 文 献

强茂山,阳波,2004. 基于项目的管理:组织模式[J]. 工程经济(9):25-29.

袁尚南,2016. 水利工程项目组织能力评价及对效能的影响机理研究[D]. 北京:清华大学.

张雪,2022. 房地产企业开发项目管理难点的分析[J]. 中国中小企业,2022(3):182-183.

ABDELHADY I A I, 2013. A new business process model for enhancing BIM implementation in architectural design[D]. Blacksburg, VA, USA:Virginia Tech.

ASTAKHOVA M N, 2012. Exploring complementary person-organization fit[M]. Kent, OH, USA:Kent State University Graduate School of Management.

CABLE D M, EDWARDS J R, 2004. Complementary and supplementary fit:A theoretical and empirical integration[J]. Journal of Applied Psychology, 89(5), 822-834.

CABLE D M, JUDGE T A, 1994. Pay preferences and job search decisions:A person-organization fit perspective[J]. Personnel Psychology, 47(2):317-348.

FLYNN B B, SCHROEDER R G, SAKAKIBARA S, 1995. The impact of quality management practices on performance and competitive advantage[J]. Decision Sciences, 26(5):659-691.

MACINTOSH A L, 1993. The need for enriched knowledge representation for enterprise modelling [C]// IEEE. Proceedings of IEE Colloquium on 'AI (Artificial Intelligence) in Enterprise Modelling' (Digest No. 078). London, UK:IET (IEE):3/1-3/3.

SAVEN R S, OLHAGER J, 2003. Integration of product, process and functional orientations:Principles and a case study[M]//Pels H J, Wortmann J C. Collaborative Systems for Production Management. New York:Springer US:375-389.

SMITH H, FINGAR P, 2003. Business process management:The third wave[M]. Tampa, FL, USA:Meghan-Kiffer Press.

>>>>>>>>>>>>>>>

后　记

本书凝聚了笔者课题组多年来的研究成果。相关研究项目包括国家自然科学基金项目(70671058-基于伙伴关系模式的项目风险管理研究,51479100-基于核心能力与流程体系的工程项目组织效能评价模型研究,51779124-基于大数据方法的大型基础设施项目社会风险管理研究)、科技部国家重点实验室项目(2015-KY-5-基于工作流及人机行为的工程项目过程监控理论与方法研究)、企业和政府的横向科研及咨询项目等,在此一并致谢!

本书基于强茂山教授开设的"组织级项目管理理论与实践"课程框架,由强茂山教授负责组织编写和统稿。以下列出课题组学生参与编写的内容及相关成果,方便读者深入学习参考。

前言

参编人员:温祺

第1章　项目对组织发展的驱动原理

参编人员:温祺

第2章　治理视角的组织级项目管理

参编人员:温祺,郑俊萍,赵越,敖瑞泽

阅读参考:

强茂山,温祺,江汉臣,等,2015.建设管理模式匹配关系及其对项目绩效的影响[J].同济大学学报(自然科学版),43(1):160-166.

强茂山,温祺,袁尚南,2016.设计-建造和设计-招标-建造项目执行期成本控制绩效元分析[J].同济大学学报(自然科学版),44(3):482-490.

QIANG M,WEN Q,JIANG H,et al.,2015.Factors governing construction project delivery selection:A content analysis[J].International Journal of Project Management,33(8):1780-1794.

第3章　组织级项目管理能力建设

参编人员:安楠,郑俊萍

阅读参考:

强茂山,温祺,2015.中国情境下的组织使能因素[J].项目管理技术,13(8):9-14.

强茂山,袁尚南,温祺,2015.工程项目团队能力的测量与评价.清华大学学报(自然科学版),55(6):624-632.

孙立荣,强茂山,温祺,2017.基于高等教育培养方案的项目经理能力研究[J].项目管理技术,15(9):48-53.

温祺,2019.工程项目经理能力与组织使能因素匹配研究[D].北京:清华大学.

AN N,QIANG M,WEN Q,et al.,2018.Contribution of project managers' capability to project ending performance under stressful conditions［J］. European Management Journal,37(2)：198-209.

WEN Q,QIANG M,2016. Enablers for organizational project management in the Chinese context［J］. Project Management Journal,47(1)：113-126.

WEN Q, QIANG M, 2019. Project managers' competences in managing project closing［J］. Project Management Journal,50(3)：361-375.

第4章　基于大数据的智慧管理

参编人员：张东成,江汉臣

阅读参考：

李果,2009. 水利工程建设投资资金流 S 曲线预测方法研究[D]. 北京：清华大学.

李果,强茂山,2010. 水利工程资金流曲线分类. 清华大学学报（自然科学版）,(9)：1374-1377.

强茂山,张东成,江汉臣,2017. 基于加速度传感器的建筑工人施工行为识别方法[J]. 清华大学学报（自然科学版）,057(12)：1338-1344.

JIANG H,LIN P,QIANG M,et al. ,2015. A labor consumption measurement system based on real-time tracking technology for dam construction site［J］. Automation in Construction,52：1-15.

JIANG H,QIANG M,LIN P,2016. Assessment of online public opinions on large infrastructure projects：A case study of the Three Gorges Project in China［J］. Environmental Impact Assessment Review,61：38-51.

WEN Q, QIANG M,2016. Coordination and knowledge sharing in construction project-based organization：A longitudinal structural equation model analysis［J］. Automation in Construction,72：309-320.

WEN Q, QIANG M, AN N,2017. Collaborating with construction management consultants in project execution：Responsibility delegation and capability integration ［J］. Journal of Construction Engineering and Management,143(7)：04017021.

WEN Q, QIANG M, GLOOR P,2018. Speeding up decision-making in project environment：The effects of decision makers' collaboration network dynamics［J］. International Journal of Project Management,36(5)：819-831.

ZHANG D, QIANG M, JIANG H,et al. ,2018. Social sensing system for water conservation project：A case study of the South-to-North Water Transfer Project in China[J]. Water Policy,20(4)：667-691.

第 5 章　基于项目的组织管理模式构建

参编人员：赵越，敖瑞泽，蒋奇

阅读参考：

强茂山，阳波，2004. 基于项目的管理：组织模式[J]. 工程经济，(9)：25-29.

袁尚南，2016. 水利工程项目组织能力评价及对效能的影响机理研究[D]. 北京：清华大学.